Née à Budapest (Hong... ... solides études classiqu... ...térature et la langue ... ...naturellement se fixer en France quand avec ses parents, passant la frontière à pied, elle quitte la Hongrie. Les seuls biens qu'elle emporte avec elle sont, cousus dans son manteau, les feuillets qu'elle a écrits tandis qu'elle vivait la guerre à Budapest. Ces feuillets du temps du siège seront publiés sous le titre *J'ai quinze ans et je ne veux pas mourir*. Le Grand Prix Vérité a couronné ce récit unanimement célébré par la critique, traduit dans le monde entier et devenu livre scolaire dans plusieurs pays. En 1957, paraîtra une suite autobiographique : *Il n'est pas si facile de vivre*.

Christine Arnothy commence alors une brillante carrière d'écrivain français, notamment avec ses romans : *Le Cardinal prisonnier, La Saison des Américains, Le Jardin noir* (Prix des Quatre Jurys), *Aviva, Chiche!, Un type merveilleux, J'aime la vie, Le Bonheur d'une manière ou d'une autre* et avec le recueil de nouvelles *Le Cavalier mongol* (Grand Prix de la Nouvelle de l'Académie française).

Christine Arnothy a également écrit pour le théâtre, ainsi que des œuvres pour la radio et la télévision. Elle a publié un pamphlet sous le titre : *Lettre ouverte aux rois nus*. Son roman *Toutes les chances plus une* paru en septembre 1980 a obtenu le Prix Interallié.

Jeux de mémoire, aussi bien la suite que le vrai début de *J'ai quinze ans et je ne veux pas mourir*, est paru en édition originale chez Fayard en 1981.

ŒUVRES DE CHRISTINE ARNOTHY

Dans Le Livre de Poche :

J'AI QUINZE ANS ET JE NE VEUX PAS MOURIR *suivi de*
IL N'EST PAS SI FACILE DE VIVRE.
LA SAISON DES AMÉRICAINS.
CHICHE !
LE CAVALIER MONGOL.
J'AIME LA VIE.
LE BONHEUR D'UNE MANIÈRE OU D'UNE AUTRE.
LE CARDINAL PRISONNIER.
UN TYPE MERVEILLEUX.
LE JARDIN NOIR.
TOUTES LES CHANCES PLUS UNE.
JOUER À L'ÉTÉ.

CHRISTINE ARNOTHY

Jeux de mémoire

FAYARD

© *Librairie Arthème Fayard*, 1981.

*Comme toujours, pour Claude.
Pour François et Anne qui m'ont
redonné le goût de vivre.*

Un jour clair-obscur de février 1981, Françoise Xenakis, écrivain, journaliste, m'appelle. Rapide, précise, aiguë, drôle et impitoyable lorsqu'il s'agit de travail, elle me dit : « Je voudrais que tu fasses le portrait d'un écrivain russe. Celui que tu aimes passionnément. »

A quel superbe instinct a-t-elle obéi ? Elle fait pourtant partie des rares Français qui savent que les Hongrois ne sont pas des Slaves : elle n'est même pas victime de l'erreur classique qui conduit à supposer que mon écrivain préféré ne saurait être que russe. Mais elle a deviné mes fantômes de jadis, mon passé hongrois tout imprégné de cette littérature. J'ai peur : « Non, je ne peux pas », ai-je dit. « Non, en aucun cas, je n'ai pas le temps. » Elle rit au bout du fil. Elle rit ! Mais tandis qu'elle ose rire de ma décision, moi je me sens forte et indépendante : n'ai-je pas réussi à refuser, à me montrer enfin raisonnable, à préserver ma paix personnelle ?

Le lendemain, furieuse, heureuse, depuis quatre heures du matin à ma table de travail, j'écris les premières pages qui flambent sous mon crayon, les feuillets ocre, brodés d'une écriture serrée, s'empilent. J'appelle Françoise sur le coup de sept heures et demie : « Françoise ? J'ai trois passions :

Dostoïevski, Pouchkine et Gogol. Ils sont inséparables dans mon admiration. » Elle répond de sa voix douce, très douce — son arme absolue lorsqu'elle demande l'impossible : « Il me les faut dans les quarante-huit heures. »

Deux jours plus tard, lors d'une rencontre avec Jérôme Garcin en vue d'un livre d'entretiens avec moi, je lui montre le « papier » Dostoïevski. Amoureux de littérature, l'un des critiques les plus écoutés de Paris, il s'exclame : « Christine, c'est exactement ce que je cherche. J'allais te demander un livre, sur ton écrivain préféré. Je ne savais pas que c'était Dostoïevski. J'y tiens absolument. » J'ai ainsi appris qu'il venait de lancer une collection, « Affinités électives », aux éditions Ramsay. Les deux volumes inaugurant sa série vont paraître incessamment. Il continue : « Mon but est de faire naître une sorte d'atmosphère psychanalytique entre l'écrivain et son idole. » « Je ne veux rien écrire », lui répondé-je. « Tu dois me donner un livre pour ma collection ! » s'obstine-t-il. « Je ne peux vraiment pas. Je ne désire plus publier avant longtemps... » Mais Jérôme est aussi passionné et convaincant que Françoise. Lorsque l'un et l'autre veulent quelque chose, il n'y a guère moyen d'esquiver.

Les écrivains que j'ai aimés ou que j'aime font partie de ma vie, presque depuis le berceau. Je suis née entourée de bibliothèques. Ni qualité ni défaut : c'est ainsi, je n'y peux rien. Ecrire sur mes « affinités littéraires » devait donc fatalement me conduire à revenir vers mon adolescence, la Hongrie, me replonger dans mon environnement intellectuel de jadis. J'ai dû alors demander l'autorisation à Claude Durand, président-directeur général de la Librairie Fayard, à laquelle un contrat solide me liait pour toutes mes œuvres non romanesques. Sans son accord, je n'aurais jamais pu entreprendre cette analyse de mes « affinités » avec les écrivains en question. Claude Durand m'a aussitôt offert ma liberté, et je lui ai renouvelé ma promesse de lui apporter, si je venais à l'écrire, toute œuvre autobiographique portant sur l'époque de J'ai quinze ans et je ne veux pas mourir, dont Fayard fut l'éditeur d'origine.

Je me suis donc mise au travail. Peu de temps après, j'ai découvert que ce que j'écrivais excédait de fort loin le thème prévu pour les « Affinités électives ». Je me trouvai comme devant une montagne à escalader. Je voulais tout abandonner. Ne plus écrire un seul mot. Je souffrais sous une avalanche d'émotions. A cause de mon enfance enracinée dans la littérature, je me retrouvai à Budapest, quelques jours après la fin du siège de la ville. J'étais en train d'écrire à la fois un conte de fées, un règlement de comptes et le bilan d'une vie. Je récapitulais : l'amour, le destin, les rêves, la joie de vivre, le chagrin, le deuil, l'espoir. Les rythmes d'une existence tour à tour brisée, bouleversée, adoucie par l'amour.

Jeux de mémoire est un livre écrit « malgré moi ». Mes deux « révélateurs », Xenakis et Garcin, étaient intervenus à ce moment précis où une œuvre doit naître ou être reléguée dans le silence pour toujours.

Ce manuscrit, dans l'orientation et la forme nouvelles qu'il avait prises, devait revenir à Claude Durand. Ce n'était que justice. Indépendamment même de la parole qui me liait à lui, s'il ne m'avait « libérée » pour parler de « mes Russes », jamais je n'aurais entamé la rédaction d'un texte pour la remarquable collection de Jérôme Garcin.

Budapest, le lac Balaton, Paris ! cela me paraissait trop. Je voulais casser le miroir, le voiler. Fuir. Mais aucune force n'est plus mystérieuse et *imprévisible que la création. D'où ce livre, que rien ne laissait présager. J'ai accepté cette valse avec des ombres en un moment où je pouvais revenir sur certains événements sans en avoir le souffle coupé de douleur. Ce récit est une réconciliation avec le passé, tous les passés. Et c'est bien ainsi.*

C.A.

La lecture a été, pour moi, une seconde naissance. Un monde enfin sans frontière s'ouvrait. Chaque volume m'aidait à découvrir l'univers fascinant des autres.

La vie de ma famille ressemblait à un roman fleuve. Je cherchais donc, dès que je le pouvais, d'autres romans que le nôtre. J'aimais les désespérés, lascifs et désinvoltes, ceux qui souffraient, lymphatiques et abandonnés à eux-mêmes, les fatalistes qui sombraient avec une morosité amusée dans l'analyse approfondie d'un destin souvent cruel. Je partageais des passions tragiques. Mon idole, la femme anti-bonheur, aussi maladroite dans sa vie sentimentale que n'importe quel membre de ma famille égaré dans le monde pratique, la déesse des larmes, la duchesse de Langeais, avait pris une large part dans mon existence. D'autres, qui ressassaient inlassablement des haines tenaces, m'impressionnaient, et les maltraités qui revenaient au bout de vingt ans d'exil pour se venger consolidaient ma foi dans la justice, fût-elle tardive.

A la tombée du jour, j'aurais voulu m'éclipser, fuir la solitude. Je croyais aux fantômes de l'espace crépusculaire. Le peuple des lumières mouvantes portait des masques violacés, terreux. J'étais la cible préférée de leur regard phosphorescent. Ils étaient vêtus de collants qui les rendaient opaques, si fades d'apparence que je pouvais les prendre pour des lambeaux de fumée. Je ne voulais pas qu'ils m'emportent dans leur patrie insolite où ils habitent des maisons en forme de croix, entourées d'arbres sanguinolents. Il m'a fallu traverser cette atmosphère d'horreur de la première enfance et me guérir des contes de Grimm et d'Andersen.

J'avais peut-être quatre ans lorsqu'on me mit entre les mains, à l'église, un petit livre de prières destiné aux enfants. Je le feuilletai, intimidée. Le chant du chœur me glaçait, l'orgue me bouleversait et l'odeur d'encens me soulevait l'estomac. Pendant que le prêtre racontait d'un ton plutôt menaçant les futures punitions à subir, je jouais à imaginer ce domaine du diable qui nous attendait, en cas de flagrant délit de péché, à l'heure de notre mort. L'enfer était sis dans un paysage pourpre, ponctué de collines de braises autour desquelles s'affairait une foule de diablotins agiles. Ils faisaient glisser de grandes pelles sous les monticules brûlants, brassaient des fragments de bûchers. Aussitôt le charbon ardent se transformait en pierres précieuses, fumantes. Je marchais parmi des montagnes de rubis et je n'avais même pas trop chaud.

Je me représentais le paradis en bleu clair, surmonté de nuages tortillés comme des portions de crème Chantilly. Il me remplissait de craintes, à cause de l'éternité dont on me rebattait les oreilles. Cette institution me paraissait particulièrement inquiétante : quelque chose qui n'a pas de fin... Horrible perspective, enfilade de huis clos où, en guise d'abominable récompense, les gens allaient végéter sans limite de temps ! Chez les diables, au moins, cette éternité semblait plus courte.

Pendant la messe, maman m'effleurait l'épaule aux moments où il fallait se lever ou bien s'agenouiller. Papa faisait parfois un signe de croix, à contrecœur et jamais au bon moment. La plupart du temps, debout comme un oiseau patient, je modifiais mon équilibre, d'un pied sur l'autre, et, comme je n'avais pas le droit de regarder autour de moi, je concentrais mon attention sur l'autel et l'échine couverte de soie brodée du prêtre. Le moment crucial arrivait où, à genoux, tête baissée, il fallait, du poing serré, se frapper légèrement la poitrine et se reconnaître pécheur. Puis, après l'interminable défilé de la communion, je voyais les adultes revenir vers leur banc, le menton effacé, le regard plat, la respiration retenue. Ils avaient l'air encore plus coupables qu'avant de se rendre à l'autel.

Pour prouver que j'avais bien fréquenté la messe, je devais présenter aux autorités scolaires un certificat de présence dominicale à l'église. Après l'office, j'allais donc à la sacristie demander que l'on signe mon « bulletin de présence ». Cette corvée, qui me fut imposée à partir de l'âge de six ans, se compliqua plus tard d'une éducation religieuse protestante qui vint se greffer sur mon emploi du temps. Papa était catholique, maman luthérienne, les deux branches de la famille étaient aussi intransigeantes l'une que l'autre et j'eus ainsi droit à une double ration de religion. Ma mère, pourtant élevée dans la confession réformée, prenait par à-coups des bouffées de catholicisme comme d'autres une cure de vitamines. Sa nature exubérante s'épanouissait mieux, entourée d'images d'angelots joufflus, que dans l'austérité protestante.

Oser appeler cette première période de ma vie

« enfance » tiendrait plutôt de la plaisanterie. Mes parents ont mis du temps à comprendre qu'ils se retrouvaient, la quarantaine passée, avec un bébé sur les bras. Avec le recul, la grossesse de maman s'était même transformée en légende familiale. J'avais sans nul doute bouleversé leur univers d'adultes, leurs habitudes bien établies, leurs petites manies, leur sacro-saint emploi du temps. Chez nous, on parlait adulte, les « guili-guili » n'avaient pas cours. Admirablement soignée, j'avais même parfois droit à deux bains successifs lorsque, après une première toilette peaufinée par ma gouvernante, maman découvrait le soir qu'elle avait une fille. Distraite et aimante, elle me replongeait dans l'eau. Je ne protestais pas, j'étais si heureuse de me sentir enfin son centre d'intérêt.

Peut-être fallait-il à la conscience familiale quelque preuve tangible que je n'étais pas un mirage : alors ma mère confectionnait des nœuds de satin qu'elle fixait dans mes cheveux « en soie » où — d'après elle — « rien ne tenait ». Inquiète, trop bien habillée pour l'école communale où l'on désirait que je fasse la connaissance du milieu « populaire », hissée sur le piédestal douteux de l' « enfant-modèle », j'ôtais et perdais exprès mes rubans. Premiers germes de révolte : refusant de m'assimiler à ces petits chiens de luxe enrubannés d'énormes choupettes, pour me venger, je rabattais mes mèches sur mes yeux. « Cette enfant se décoiffe tout le temps ! » C'est avec une satisfaction profonde que j'entendais ces récriminations maternelles.

Je ne me suis jamais sentie vraiment à ma place dans ma famille. J'attendais avec nostalgie l'été, période durant laquelle ma vie s'améliorait : l'on s'occupait moins de moi, en tout cas pas de cette manière artificielle d' « amour fou » administré par à-coups et que je devais supporter, moi, de façon égale.

Certains jours, selon l'humeur, j'étais la plus adorée, la plus adulée au monde; le lendemain, livrée au personnel, je n'avais guère plus d'intérêt que n'en aurait eu une orpheline dont s'occupe un notaire en suivant mot à mot les alinéas des dernières volontés de parents défunts. Personne n'entendait se charger de cette corvée qui consistait à jouer avec moi. J'étais comme un fruit confit un peu amer qu'un pâtissier malicieux aurait glissé dans la pâte familiale. Nul ne souhaitait s'y agacer les dents, mais j'empoisonnais un peu la douceur de la vie quotidienne.

Je grandissais dans un univers riche d'événements, de bavardages sonores, d'opinions souvent tragiques. Je poussais comme une plante verte posée dans un coin sombre et qui rêve d'une place au soleil. Nous baignions dans une perpétuelle ambiance de catastrophe. Celle-ci devait, selon les dires, s'abattre bientôt sur la Hongrie et notre famille en serait certainement l'une des cibles privilégiées. L'étau de la guerre se resserrait autour du pays. Déjà, en temps de paix, dont je venais juste de connaître une mince frange, ma famille était pesante, mais à l'approche de la guerre, elle devenait on ne peut plus difficile à supporter.

Une phrase clef hantait les conversations : « Combien de temps ça peut durer encore ? » Le « ça » englobait la sécurité, le confort, les titres et les domaines, toute une vie consacrée à l'élévation des esprits, à une quête perpétuelle de culture. Le « ça » en danger était le symbole d'un régime, un mode de vie réservé à la fine fleur d'une société. Je marchais dans des bottines doublées de fourrure tandis que les pieds nus des enfants de paysans bleuissaient de froid lorsqu'ils devaient se rendre dans la neige jusqu'à l'école. On craignait le pire pour mon avenir tout en me racontant à l'envi un passé superbe.

Avant même d'avoir pu fêter mes dix ans, j'ai ainsi vécu d'innombrables versions de notre disparition : « Peut-être est-ce ton dernier Noël avec des jouets... » « C'est sans doute la dernière fois que nous partons à la campagne... » « Nous baignerons-nous encore dans les eaux chaudes et claires du lac Balaton ? »

A peine avais-je l'intention d'émettre timidement un « Bonjour, me voilà, j'aimerais vivre ! », que déjà je devais apprendre l' « Adieu, voici que le monde s'effondre ».

Je personnalisais la Catastrophe. Je cauchemardais en cinémascope, je tremblais en technicolor. Mon angoisse était devenue biologique : j'avais peur comme on est anémique. J'affrontais alors dame Catastrophe et contemplais son faciès *buriné* (cet adjectif-là, « buriné », me fascinait). Comme une méchante fée sortie de l'univers de Walt Disney, cette femme féroce dont les cheveux blancs cascadaient jusqu'au bas de son dos, secouait parfois la tête comme un cheval énervé par les taons. Ses mains énormes se saisissaient de pays entiers, sa bouche était écarlate et ses lèvres *charnues* (j'aimais bien « charnues », ça allait plutôt mal avec « buriné », mais je ne reculais pas à les garder ensemble) laissaient paraître des dents de carnassier. Je l'imaginais dévorant des pays comme des tartines. Elle consommait les maisons, les rues, les terres, elle croquait pacages et boqueteaux comme pour se mettre en appétit. J'aurais bien aimé la persuader d'épargner notre appartement.

Mon merveilleux père, élégant, ironique, champion olympique de pessimisme, nous prédisait ces horreurs avec délectation. Tout cataclysme semblait superbe tant sa diction était soignée, ses mots rares, justes ses définitions, sans appel. Mes gouvernantes successives — d'abord une Française, puis une Autrichienne au visage piqueté de taches de son — l'écoutaient avec une douloureuse attention et devaient songer à leur passeport qui, tapi dans leur sac, leur assurerait un départ sans obstacle au moment propice. Elles pourraient quitter ce pays accueillant pour leurs cieux à elles, à peine plus sûrs, du moins familiers. Elles iraient participer à leur propre catastrophe nationale. La Française avait duré deux ans chez nous; l'Autrichienne s'enfuit au bout de huit mois.

Lorsqu'on touche à la notion de durée, les espaces changent de dimensions au gré des jeux de la mémoire. Les souvenirs des événements vécus sont parfois faux, parfois étonnamment justes. Les proportions, les formes vibrent.

J'entendais souvent parler d'hérédité. Je vivais alors comme sous une loupe : « cette petite ressemble à tante X », « elle est aussi blonde que l'oncle Y à son âge ». Je me souviens d'une colère enfantine consécutive à une comparaison avec ma grand-mère paternelle qui, d'après ce que j'en avais entendu, m'apparaissait comme une fantastique ogresse. Noble, sévère, autoritaire, elle avait réussi à réduire ses fils en esclavage. Je suis née trop tard pour connaître mes grands-parents et la notion même de « parents de parents » me paraissait étrange, étrangère. Cette histoire d'hérédité, par quoi chacune de mes parcelles était prétendûment rattachée à une origine déterminée, me désolait. On m'affublait, en plus de nœuds dans les cheveux, d'une fatalité génétique qui aurait dû, de manière prévisible, ordonner tout mon destin futur. On ne me laissait aucune chance de me comporter en être individuel, lui-même capable de manifester des qualités neuves, des défauts inédits.

Parfois le vent interdit du darwinisme faisait frissonner mon entourage. J'étais parvenue à capter des notions, bannies d'avance, d'après lesquelles Dieu et la côte d'Adam n'auraient joué qu'un rôle mineur dans l'histoire de l'humanité, alors que nos authentiques ancêtres auraient été des singes. J'étais enchantée par cette hypothèse. A la place de l'apprentissage de l'arbre généalogique, je choisis donc l'arbre tout court.

J'adorais fréquenter le jardin zoologique et m'attardais avec délices devant la cage des gorilles. Un jour, revenant de l'une de ces visites avec la Française qui pleurait un jour et riait l'autre, au gré des lettres qu'elle recevait d'un amoureux volage, j'osai dire : « J'ai vu grand-père... » On m'interrogea : était-ce une hallucination enfantine ? quelque maladie précoce ? ou bien la Lilloise m'aurait-elle menée dans un cimetière où l'apparition du spectre familial m'aurait troublée de sa brumeuse présence ?

« C'est dans une cage que j'ai vu grand-père », précisai-je. Aussitôt je reçus l'une des très rares gifles, mais combien marquantes, de maman. Je savais que j'avais déclenché une infinie série de réprimandes en cascade. Je dus même demander pardon à Dieu d'avoir imaginé que grand-père pût être un gorille, mais, au fond de moi-même, j'étais ravie, et l'on eut beau me traîner devant un portrait de jeune homme élégant, puis me montrer la photo du même homme à l'âge de quatre-vingt-deux ans je répétai, au risque de sentir s'enflammer mon autre joue : « J'ai vu grand-père en cage. » Ils avaient trop voulu me brimer sous le poids de nos hérédités, mais ma révolte n'alla guère plus loin : j'étais encore trop jeune pour élever d'autres barricades que celles que je construisais en moi.

Aujourd'hui, dans ma vie neuve de Martigny, je comprends mieux mes parents, leur folie de culture, leur vie somptueuse et sans souci, mais déchirée de pessimisme et bouleversée par ma simple présence, mes réactions insolites. Dans le roman familial, je n'étais qu'un personnage secondaire, à peine plus qu'une page marquée d'une fine trace de crayon.

Dès que j'eus acquis une perception suffisante des choses, je me mis en devoir d'entrouvrir les coffres à trésor qu'étaient tous ces livres à tranche dorée dont l'accès m'était alors interdit. Ma famille était un amalgame de terriens érudits, d'hommes de lettres et de théâtre, de fins connaisseurs de langues mortes, d'amateurs de journalisme vivant. Mon père, la plume trempée dans l'écume de l'actualité, écrivait dans divers quotidiens dont ses mots incendiaient les feuilles. Professeur de latin-grec, il n'avait pas dû passer plus de quelques années de jeunesse à enseigner, sous la pression omnipotente de sa mère. Notre passé, si souvent évoqué, avait accumulé au fil des siècles les gènes d'ancêtres au tempérament brûlant, fantasques, bourrés d'une force détonante comme des barils de poudre. Je me demande encore comment nous n'avons pas fini par éclater sous l'effet d'une pareille dose de contradictions, d'explosions à retardement.

Je fis mes premiers pas sous la surveillance d'un militaire dont le portrait était accroché dans ma chambre. Les yeux de cet officier ressemblaient à des marrons glacés. Sa lèvre supérieure, noircie d'une fine moustache, avait été immobilisée par le peintre au moment précis où elle esquissait un petit rictus. Le haut du visage était celui d'un inquisiteur, le bas celui d'un écureuil.

Quelques généraux occupaient les murs des couloirs, trop étroits pour qu'on y disposât des bibliothèques. L'un d'eux s'était aventuré jusqu'à épouser une Bonaparte dont le nom figurait sur un acte de mariage jauni. J'ai maintes fois subi l'explication de cette alliance dont le récit me plongeait dans une dérive de rêveries.

Du côté paternel, les racines de la famille remontaient si loin que lui, l'homme mince, élégant, à l'aspect plutôt oxfordien, se retrouvait pour ainsi dire avec des Mongols pour ancêtres. Ceux-ci avaient laissé dans le nord de la Hongrie, sur un monticule de terre, une forteresse en ruines à peine plus consistante qu'une couronne de papier sur une galette des rois. Ma mère et mon frère aîné avaient un jour entrepris de m'y conduire, à seule fin de me tremper dans la véracité de cette Histoire reculée dont aucun détail ne m'avait été épargné. Ce n'était d'ailleurs là que mon baptême du feu puisqu'ils projetaient un autre voyage en Transylvanie pour m'y faire remonter le chemin d'une autre ascendance. J'étais issue d'un passé plus que millénaire qui s'effritait de jour en jour. J'en tirais quelque réconfort pour l'éternité à venir que j'espérais bien friable elle aussi.

Des kyrielles d'oncles et de tantes peuplaient mon univers, des bribes de conversations composaient un patchwork de potins. Souvent, je me sentais effrayée par certaines de ces phrases chargées d'allusions cruelles, vénéneuses. Maman parlait avec une douceur légèrement pincée d'un arrière-grand-oncle qui s'était suicidé. Le mot « suicide » entrait dans le domaine du vocabulaire interdit dont faisaient partie « divorce »,

« darwinisme ». L'arrière-grand-oncle en question avait été, quelques centaines d'années auparavant, une sorte de préfet. La raison du suicide de ce personnage aussi digne qu'irréprochable restait mystérieuse, comme une plaie non cicatrisée.

La légende familiale comportait aussi un nombre fort appréciable de femmes qui ne s'étaient pas mariées. Elles mouraient seules, les faillites matérielles et les chagrins d'amour qui dévoraient leur cœur composaient de leur vivant leur ultime sépulture. A leur évocation, papa fronçait les sourcils et, le regard perdu dans la fumée bleue de son cigare, restait taciturne cependant que maman se lançait dans de grandes déclarations sur la nécessité et l'indissolubilité du mariage. Le célibat n'ayant jamais été accepté chez nous comme marque d'indépendance, le refus du mariage, chez ces femmes solitaires, était plutôt considéré comme une quête de pureté, une forme de sainteté. Là où elles étaient à présent, elles ne pouvaient naturellement ni protester, ni ajouter leur mot sur la vérité de leur destin.

Quant aux tantes bien vivantes, elles étaient fort nombreuses. Ildiko, la plus austère, souffrait de tous les maux qu'un dictionnaire médical pouvait inspirer à une hypocondriaque. Elle décrivait les symptômes de ses souffrances avec la minutie d'une herboriste composant ses tisanes feuille à feuille. Ces récits d'Ildiko, nous les buvions à petites lampées amères et tièdes.

Une cousine de papa, Géraldine, toujours sur son trente et un, abandonnait ses fourrures dans l'antichambre et entrait au salon dans des tailleurs stricts, souvent agrémentés de chemisiers dont le jabot de dentelle prêtait à son apparition un air de fête. Une collection de bracelets en or s'entrechoquait à son avant-bras gauche, l'un d'eux était orné d'une épaisse émeraude. Géraldine était veuve. Le son de ce mot en français dessinait aussitôt à mes yeux un bûcher où ma tante aurait dû être brûlée séance tenante. Le mot « veuve », comme le chaudron des sorcières de Macbeth, suscitait en moi une terreur où entraient de vagues notions d'histoire et de géographie sur le Gange et Jeanne d'Arc. Tandis que le mot hongrois *özvegy* projetait dans mon imagination la silhouette d'un saule pleureur dont chaque feuille essuie les larmes de sa voisine, un grand arbre éployé sanglotant au-dessus de l'eau. Déjà apparaissaient ainsi chez moi les différences entre les images suscitées par les langues française et hongroise. Entre le feu que faisait flamber la *veuve* et l'eau qui baignait *özvegy,* s'interposait en allemand une troisième variante qui évoquait aussitôt l'opérette de Franz Lehar, rejetée par ma famille férue de musique classique. A l'époque, je refusai le mot « veuve » dans les trois langues et décidai de ne jamais me marier, pour ne pas courir le risque d'être désignée un jour de la sorte. Ni pécheresse sur un bûcher, ni saule pleureur, ni danseuse emportée par une valse effrénée dans un sinistre envol de voiles noirs.

Maman supposait que Géraldine cachait une liaison avec l'homme qui lui avait fait don du bracelet orné de l'épaisse émeraude. Toute liaison ne pouvait être que coupable, tout mariage heureux, comme le célibat impliquait la virginité.

Chez nous, on ne se reconnaissait guère le droit à l'amusement et on considérait les gens qui jouaient au bridge comme des arriérés. Comment pouvait-on jouer à perdre ainsi son temps ? Les conversations familiales suscitaient davantage l'ironie que la gaieté. Politique, littérature et histoire familiale se déversaient sur moi. Je vivais sous une intarissable douche de savoir. En quelques phrases, mon père enrichissait mon fichier mental de prénoms de ministres, de diminutifs humoristiques désignant des journalistes en vogue, tels ou tels personnages du monde du spectacle. Son humour au vitriol relevait sans fatigue ces dialogues sophistiqués qui se prolongeaient tard après dîner. L'atmosphère de panique en était comme tamisée, la peur ambiante se faisait de velours, juste assez grinçante pour agacer les dents.

J'étais embrassée à tout bout de champ. Des traces de rouge me marquaient le visage et de grandes mains parfumées, aux doigts inflexibles, s'attaquaient aussitôt à mes joues pour les en effacer. Ces embrassades auxquelles je ne pouvais guère me soustraire me transformaient en petite Indienne sur le sentier de la guerre. Je me retrouvais attirée, serrée, coincée contre diverses poitrines, blessée par les ergots de décorations militaires, le nez égratigné aux angles des cols durs, et parfois, happée par les bras de femmes herculéennes, je devais me débattre pour échapper à l'asphyxie des dentelles ou aux agressions d'une broche toutes griffes dehors. J'aurais voulu peser plus lourd, n'être plus une enfant, échapper ainsi à ce genre de tendresses qui me laissaient plus morte que vive.

Le jour du siège de Budapest, papa nous annonça que l'heure de notre mort était pour ainsi dire arrivée. Je nous imaginai enfin confrontés à dame Catastrophe. J'en étais presque ravie...

C'est maintenant que je devrais m'arrêter d'écrire, il en est temps encore. Pourquoi quitter ce lit si doux et affronter le petit matin ? Mon appartement de Martigny vogue comme un bateau sur une mer de nuages. Il faudrait abandonner ces jeux de mémoire, l'aube m'appelle. Je me promène dans la paix nacrée du sommeil des autres, je tire les rideaux, j'aperçois là-bas quelques arbres fruitiers en fleurs, frissonnants de rosée. Un sentiment inespéré m'envahit, un bonheur insolite : il me semble que je n'ai plus peur du printemps.

J'écoute les oiseaux s'éveiller et je me décide à faire le café. Mon petit monde dort autour de moi. Le premier matin a toujours été ma propriété privée. Une seconde tasse de café. Je réfléchis : oui, je pourrais m'arrêter encore, ne plus m'occuper que de mes articles, repousser le moment d'entrer dans ce roman que je porte en moi et auquel je n'ai pas encore touché, et d'abord refuser ce passé douloureux et superbe, parfois féerique, parfois trempé de chagrin noir.

Mais la tentation est forte, péremptoire. Ce matin, l'odeur du café, les oiseaux, ce papier légèrement bleuté, la ville qui commence à s'éveiller, tout me pousse à me détourner de ma propre fuite. Je n'ai jamais aimé parler de moi, et pourtant Claude, mon mari, se serait plu à lire ces lignes, je le sais, et mon frère aîné aussi, lui qui naquit héros comme d'autres naissent fonctionnaires : depuis l'âge du berceau, malgré la poliomyélite qui lui avait fait traverser la vie comme on monte au calvaire, à chaque pas mourant et revivant de mille souffrances, il avait su surmonter toute faiblesse et gravir cette pente douloureuse à force de volonté, de foi et de passion en la Hongrie, cette terre aimée dont il portait en lui toutes les qualités et certains défauts... Lui aussi voudrait, comme Claude, que je continue ce récit. Je le sens, je le sais.

Notre famille était si particulariste, si exclusive que les échappées dans le monde extérieur représentaient autant de chocs inattendus. Par exemple, me rendant chez de petites amies de classe, je découvris qu'il existait des intérieurs où il n'y avait pratiquement pas de livres. Tout le monde n'était pas forcément au courant de tout, et certaines familles trouvaient même le temps de s'amuser. J'entendais parler de pique-niques. L'idée de s'asseoir sur l'herbe pour y déjeuner en famille m'aurait enchantée. Ecrasée par le faste et le sérieux de la maison où je me retrouvais isolée, effarée par les crises d'humour noir de mon père, ce monde vieillot, à la fois pétri d'intelligence subtile et de grande puérilité dans ses accès d'enthousiasme ou ses accès de désespoir, me désorientait autant qu'il me rendait captive.

Entre les *Frères Karamazov* qu'intimidée je me hasardais alors à feuilleter, et la présence de mes propres frères, l'univers devenait confus, à la fois vrai et fictif, nourri de surcroît d'événements prédits par papa qui annonçait systématiquement le pire. Et le pire est qu'il avait presque toujours raison.

Nous étions réfugiés dans une immense boule de cristal, enfermés avec le voyant. On n'avait plus qu'à attendre que cette boule éclate. Maman s'efforçait de persévérer dans un optimisme à tout crin, c'était son immunologie à elle, il faut dire qu'elle éprouvait une véritable délectation à contrer les pronostics de papa. De leur duo naissait une musique étrangement syncopée, parfois cacophonique. Pendant que mon père égrenait la litanie des malheurs qui nous attendaient, maman expliquait, un ton au-dessus, toutes les bonnes raisons de prévoir le contraire.

Ils s'équilibraient à merveille. Mon père était grand et mince, maman petite, vive, fine. Ils semblaient mener inlassablement leur guérilla de luxe, s'évertuant à s'agacer l'un l'autre, comme à plaisir. Ils s'aimaient pourtant d'un amour exclusif, presque féroce.

J'avais ainsi la chance de connaître ce qu'on appelle un « mariage heureux », mais je n'imaginais pas pour autant le vrai rôle d'une femme ou d'un homme ni la nécessité d'une vie commune. Mes parents faisaient partie d'un monde étranger et jamais je n'aurais pensé que je deviendrais mère un jour. Je n'ai jamais joué à la « maman », ni considéré une poupée comme un simulacre d'enfant, ou le mariage comme un aboutissement. Le Don Juan dont je rêvais était plutôt une allégorie de la liberté que je n'aurais su définir, mais à laquelle j'aspirais ardemment. Mes parents, devenus les vivants symboles d'une institution, ne me tenaient lieu ni d'exemples ni de repoussoirs. Leur « association » ne me regardait pas. Les turbulences de l'atmosphère où ils me faisaient vivre attisaient plutôt mon hostilité à l'idée même de famille.

Les maladies furent sans doute les moments les plus agréables de cette enfance peu tendre. Maman, aussitôt transformée en Florence Nightingale, se consacrait à moi de la manière la plus attentionnée, la plus douce. Une bonne varicelle ou une formidable angine étaient des aubaines, je devenais le centre du monde, je pouvais me laisser choyer et lire au lit. Maman me soignait comme une fée.

Elle savait aussi célébrer les fêtes. Longtemps, pour ne pas la décevoir, j'ai fait semblant de croire à l'arrivée imminente de l'Enfant Jésus, tous les soirs de Noël. A Pâques, les œufs étaient cachés dans l'appartement ou bien dans le vaste jardin qui entourait notre blanche maison près des blés, en bordure d'un fleuve superbe, la Tisza. Saint Nicolas était une sous-fête que j'adorais : l'annonce de la venue du saint dans ses vêtements rouges agrémentait la période hivernale, préparait à l'atmosphère de la Nativité. La veille, lorsque je rentrais dans ma chambre, les doubles rideaux avaient déjà été tirés et je me gardais d'approcher de la fenêtre : il ne fallait pas que saint Nicolas se sentît surveillé ou guetté. Il devait déposer ses cadeaux dans le courant de la nuit. Je m'endormais ces soirs-là assez vite, fermant avec force les paupières pour montrer ma bonne volonté, et me réveillais le cœur battant. Dans la fraîche solitude matinale, j'attendais la permission de m'approcher de la croisée. Maman arrivait, vêtue d'un peignoir de couleur tendre, et me disait : « Tu peux... » Je m'accrochais alors aux cordons des rideaux et tirais comme un sacristain qui veut faire carillonner les cloches. L'enchantement m'arrachait un petit cri de joie. L'habitacle des doubles fenêtres était capitonné de crêpe rouge, froufroutant d'un côté, scintillant de l'autre. On aurait dit la vitrine d'un chocolatier-poète. Je découvrais des bottes en chocolat recouvertes d'un papier argenté aux reflets écarlates. Au milieu de cette débauche d'objets de couleur, saint Nicolas montait la garde, sa grande barbe en chocolat blanc serait la dernière gourmandise à laquelle je m'attaquerais. Dans un coin se dressait un diablotin noir armé d'une sorte de fouet, ou plutôt d'un fagot de minuscules brindilles.

L'hiver recouvrait la ville. Même le son des cloches nous arrivait assourdi comme au travers d'un nuage de coton. Noël s'annonçait avec douceur et j'allais acheter des cadeaux avec mon frère André qui était, quand il en avait le temps, mon ami et complice. L'argent que j'avais reçu en cours d'année y passait puis, comme un jeune père consciencieux, mon frère m'emmenait goûter dans l'une de ces admirables pâtisseries hongroises dont les seuls arômes auraient fait grossir n'importe quelle Occidentale à l'instant même d'en franchir le seuil. Ces établissements étaient d'une rare élégance, le service de la gourmandise élevé au niveau d'un art raffiné.

André, bourré de talent, l'un des rares élèves de Béla Bartók, avait échappé depuis longtemps à l'« esprit de famille ». Il composait et vouait son existence aux études musicales, esquissant déjà une belle carrière promise aux succès internationaux. Il m'abreuvait de grands discours sur la nécessité vitale de la musique cependant que je comptais mes mille-feuilles, ne m'épargnant aucun détail technique sur Kodály et la musique populaire.

L'appartement, une vraie ruche à l'époque où mon frère Alain y habitait encore, grouillait en permanence d'invités. Alain attirait autour de lui de jeunes écrivains dits « du peuple ». Souvent d'origine paysanne, ceux-ci étaient alors fort en vogue. Ils s'installaient à Budapest et imposaient leur talent plein de sève et de fougue à l'élite sophistiquée. Je les voyais à la maison et passais d'une émotion à l'autre au gré des œuvres qu'ils évoquaient. Soûle de bonheur et de tristesse à la fois, je m'approchais de ce cercle de créateurs comme d'un âtre qui n'eût brillé que pour moi, qui eût réchauffé tout un chacun sauf moi...

Un soir, j'ignore pour quelle raison, on me conduisit à l'Opéra. Pourquoi m'avait échu l'honneur redoutable de subir ce spectacle ? Toujours est-il que je me retrouvai avec mon père et ma mère à l'Opéra de Budapest. Les loges étaient louées à l'année d'une génération sur l'autre, elles symbolisaient le niveau de vie, le rang social. Ce soir-là, cette loge revêtait pour moi tous les agréments d'une cage suspendue dans le vide. Le velours râpé du rebord me picotait les bras. J'étais affublée d'une robe froufroutante et me faisais l'effet d'une petite guenon costumée dressée à danser en équilibre sur une corde raide. La *Tosca* était au programme.

En me promenant dans ce passé dont les murs recouverts de miroirs déformants me renvoient tantôt une image sublime, tantôt un fragment de cauchemar, je revois cette *Tosca* comme si le rideau se levait aujourd'hui devant moi. La grosse chanteuse m'avait fait peur, elle me remplissait d'angoisse, je ne comprenais pas comment un être humain pouvait se changer en pareil instrument, en musique vivante. Précédée de son opulente poitrine, la cantatrice psalmodiait son chagrin, son amour, son indignation, sa révolte contre un irascible destin. Tout ce drame était renfermé derrière deux seins rebondis. J'empruntai les jumelles de papa. Au contact de l'objet froid, la notion de distance se faisait aussi relative que celle de durée. A l'envers, elles me permettaient de voir la diva en miniature, se précipitant d'un côté à l'autre de la scène comme une grosse souris blanche et, dans le bon sens, je pouvais scruter la caverne de sa bouche écarlate, comme un oto-rhino. Ses yeux écarquillés, très fortement maquillés, me remplissaient d'une crainte plus puissante que les catastrophes de papa. J'avais l'impression que cette dame aurait pu me dévorer vivante. Je ne comprenais d'ailleurs pas comment une personne aussi volumineuse pouvait se déplacer avec autant d'aisance, ni pourquoi elle se jetait dans les bras d'un jeune homme filiforme qui avait le plus grand mal à la contenir, puis à la retenir. Tosca, avec une force vocale à écorner les bœufs, tournait comme une toupie autour du bureau de l'officier, puis, empoignant un couteau posé à cet effet près de l'encrier, elle le tuait.

Je me suis retournée vers papa et lui ai dit : « C'est la chanteuse qui aurait dû être assassinée. » Un « chut » agressif me rappela à l'ordre. Je devais subir jusqu'au bout cette invraisemblable histoire. Au moment fatidique, Tosca monte sur les remparts et, pour échapper aux soldats qui la poursuivent, se jette dans le vide. J'ai demandé où elle tombait et maman m'a répondu, fort sérieuse : « Sur un édredon. » L'édredon, une des spécialités de l'Europe centrale, était une chose douce, chaude, agréable et familière. J'imaginai la Prima Donna s'effondrant au beau milieu de l'édredon et attrapai le premier fou rire de ma vie. Plus tard, dans certains cauchemars peu cléments, moins propices à l'humour, je voyais le plafond s'ouvrir sous le poids d'une chanteuse qui fondait en chute libre sur mon lit pour s'y écraser au terme d'une vocalise suraiguë.

Maman souffrait d'une telle ferveur qu'elle entendait remplir ses devoirs religieux comme personne. La période de Pâques annonçait les grandes famines pieuses où elle jeûnait deux jours durant. Papa pariait à mi-voix sur sa résistance. Maman tenait le coup et n'absorbait rien, pas même un verre d'eau.

Les repas du dimanche étaient ennuyeux et dignes. Le fameux nœud dans mes cheveux empêchait nos invités ecclésiastiques d'y poser leurs mains dodues et je regardais, l'air ébahie, la bénédiction qu'ils dessinaient en l'air au-dessus de ma tête. Parfois mes oncles venaient aussi. N'importe quel écrivain russe les aurait passionnément adoptés. Mes oncles étaient aussi superbes qu'insolites.

Tibor, médecin, célèbre pour la sûreté de ses diagnostics, détestait les chiens et les enfants, considérant l'une et l'autre « races » comme porteuses de microbes. Maman vantait souvent les mérites de son beau-frère mais, n'ayant jamais été malade, elle était un peu frustrée de n'avoir jamais eu besoin d'y faire appel. Oncle Tibor était grand, épais, il avait les joues lisses, les cheveux tout blancs, les yeux bleu clair, et manifestait une allergie profonde à mon égard. Je savais que je lui étais antipathique. Etre pris en grippe par une grande personne du seul fait qu'on est enfant vous range d'office parmi les persécutés. Je l'imaginais parfois armé d'une hache, taillant ses victimes comme des bûches. Pourtant il était bon médecin, il guérissait, sauvait. Mais il ne m'aimait pas.

Il ne s'était jamais marié et ne s'occupait que de

malades adultes. Lorsqu'il arrivait à la maison, je me cognais le nez contre sa main empestant le désinfectant, sur laquelle je devais déposer un baiser : habitude qu'on infligeait alors aux enfants. Devant la main hostile, j'essayais parfois de me moucher à demi, sans bruit, sachant que le contact humide allait indisposer l'oncle Tibor. Et, en effet, il se rétractait comme s'il avait été brûlé, il se précipitait vers l'une des salles de bain pour se laver, se débarrasser de la souillure que mon nez de cinq ans avait pu laisser sur son épiderme délicat.

Lors de ses visites, maman enfermait les chiens dans une pièce qui leur était réservée. On avait un couple de chiens de berger hongrois. L'intelligentsia, pour protéger cette race — symbole d'un mouvement de retour à la terre qui ne portait pas encore le nom d'écologie — lançait des *pouli* dans les salons. Nous avions un mâle gris clair et une femelle bougonne, myope, à la tête ronde comme une citrouille, les yeux complètements cachés derrière un rideau de poils. Le mâle s'appelait « *Tücsök* » (grillon), la femelle « *Pipacs* » (coquelicot). Grillon avait attrapé une maladie, ses poils se détachaient dès qu'on les touchait. Un après-midi de chagrin où je cherchai un refuge, tant je me sentais seule, j'allai tenir compagnie au chien convalescent que je me mis à caresser. Ses poils, par touffes entières, me restèrent dans la main. A cause de la grande chaleur, il semblait content de se « déshabiller ». En lui redisant combien je l'aimais, je l'ai dévêtu. Il restait nu et heureux. Face aux adultes furieux, j'étais incapable d'expliquer le « pourquoi » de cet acte qui leur paraissait injustifiable. Une couturière qui venait à la maison une fois par mois fut appelée dès le lendemain à la rescousse, pour confectionner un manteau au chien. Il me revint de le descendre. Je le promenais avec plaisir. C'était, dans mon âme, un chien que j'aimais tendrement. Nous étions assortis, parce que vulnérables. Oncle Tibor, qui connaissait bien la présence de chiens dans notre vie, nous prédisait l'arrivée d'une variété considérable de maladies si nous continuions à vivre en leur compagnie. A en croire oncle et père, le bilan de notre situation n'était guère enviable.

L'autre oncle, Sándor, était trapu et paraissait plus petit que ses frères. Il émanait de lui une jovialité glacée, et c'était le premier chauve que j'eusse jamais vu. « Qu'est-ce que tu as à me fixer de la sorte ? » me demandait-il. Je détournais la tête, mais, à la première occasion, mon regard retournait patiner sur son crâne lisse, luisant. « Qu'est-ce qu'elle a donc à me reluquer comme ça ? » Sa tête aussi me fascinait, ses petites oreilles collées contre le crâne, tellement bien plaquées qu'on aurait été bien en peine de les lui tirer. Je crois que si l'oncle Sándor n'avait pas été si chauve, jamais je n'aurais dénudé le chien de cette façon.

Sándor souriait souvent, il vivait admirablement bien, jouait aux échecs et lisait Shakespeare traduit en hongrois. J'ai entendu qu'on le qualifiait d'optimiste incurable. Lorsque mon père parlait des optimistes, c'était comme s'il s'agissait d'êtres bornés, leur gaieté ne pouvant résulter que d'une complète absence de lucidité et de connaissances politiques. Maman serrait légèrement ses jolies lèvres, elle se sentait visée. « Tout le monde ne peut pas attendre la mort tout le temps, disait-elle, la vie serait bien monotone. »

L'Oncle m'apportait des sucreries que je détestais. Des bonbons à base de menthe ou de mélanges bizarres à goût dominant d'anis. Maman supposait que Sándor oubliait tout simplement sa petite nièce qui avait cinquante ans de moins que lui et lui achetait au dernier moment ce qu'il pouvait trouver à proximité de la maison. Le magasin le plus proche étant une pharmacie, au bout de quelques années — chez nous, on gardait tout — une armoire entière débordait de ces pastilles d'apothicaire contre la toux.

Le troisième oncle, ingénieur agronome de formation, s'occupait des propriétés familiales, qui représentaient un nombre d'hectares encore assez considérable. Mon père disait de Zoltán qu'il était un « homme pratique ». Ce mot prenait une petite teinte de mépris dans sa bouche. Le fait d'être « pratique » le situait hors des sphères intellectuelles où père évoluait lui-même.

Les quatre frères avaient été formés chez les jésuites. Sortis du collège avec une vaste culture, ils n'arrivaient pas à se dégager d'une sorte de panique perpétuelle héritée de leur mère qui persistait à exercer sur eux son influence par-delà la tombe. Quand ils se trouvaient ensemble, on devinait qu'eux non plus n'avaient pas eu le loisir d'être enfants et qu'eux aussi étaient sans doute nés déjà un peu adultes. Ils pouvaient se parler en latin, plaisanter en grec, mais il n'y en avait qu'un seul, l' « homme pratique », à pouvoir distinguer le blé de l'orge.

D'héritages en héritages, leurs terres s'étaient effritées et leur savoir enrichi. Il fallait peut-être cette guerre et que tout éclate autour de nous : ils ne pouvaient avoir lu plus de livres, vu plus de spectacles, savoir plus de choses. Ils seraient entrés dans une sorte de stagnation, puis d'incoercible déclin. La guerre allait mettre fin en beauté à cette dynastie, l'une des cent quatre familles qui avaient fondé la Hongrie.

Mon enfance, particulièrement riche en savoir inutile, en adulations comme en frustrations, fut attirée par l'écho fraternel des lectures d'*Oliver Twist* et de *David Copperfield*. Ces deux adolescents partageaient mes peines et tandis que je lisais l'histoire de leur vie, j'avais l'impression que, de même qu'eux deux portaient tout le malheur anglo-saxon sur leurs frêles épaules, j'avais à supporter, moi, tout le faix de la tristesse hongroise. La lecture des *Aventures de Monsieur Pickwick* me réjouissait davantage : des personnages incomparablement plus simples et drôles que mes oncles s'y agitaient et leur fréquentation allégeait d'autant l'atmosphère dans laquelle on me confinait.

Je devais passer certains dimanches après-midi chez un vieil oncle et une vieille tante aussi « anglophiles » que nous étions « francophiles ». Je leur étais « prêtée » comme un livre, un parapluie. Mes séjours dominicaux dans cet immeuble d'un quartier qu'on appelait « la Colline des roses » étaient source de satisfaction pour tout le monde. J'y étais accueillie en triomphe : aucune tête couronnée n'aurait pu se prévaloir du succès que je remportais avec mon fameux nœud dans les cheveux. Dès l'entrée, Oncle et Tante me prenaient par la main et me conduisaient d'une pièce à l'autre avec autant de précaution que si l'on avait frôlé des précipices. Pendant le déjeuner, assez rapide et bizarrement composé, ils me comblaient de mets sucrés et de desserts pour diabétiques. Ils m'examinaient attentivement, comme des explorateurs éperdus de curiosité amoureuse pour la nature devant un koala dégustant une feuille d'eucalyptus. Je me sentais exposée sur une lamelle de verre à l'objectif indiscret d'un microscope. J'étais l'Enfant, cette chose curieuse que l'on désire si ardemment quand on n'en a pas et qui met si bien à l'épreuve le système nerveux de ceux qui en ont. A maintes reprises, je dus entendre une déclaration de tante Vilma m'assurant qu'après leur mort, l'ensemble de leurs biens me reviendrait, y compris le piano et des tonnes de livres, et que j'étais donc leur seule et unique héritière. L'oncle Istvan, avant de prendre sa retraite, avait été inspecteur des écoles. Je l'admirais fort d'avoir jadis dû faire naître la peur chez les professeurs et les directeurs d'établissements.

Contaminée en tout par l'Angleterre, aussi bien dans ses goûts culinaires que ses préférences cérébrales, tante Vilma lisait Conan Doyle et préparait avec ferveur des gelées multicolores. Comme des bébés-méduses, ces desserts translucides atterrissaient, vacillants de nervosité, sur la table. Leur goût ne correspondait jamais à leur couleur, sauf les verts qui ressemblaient à des grenouilles sorties d'un bain de menthe.

Je vivais dans la crainte perpétuelle de la mort d'oncle Istvan et de tante Vilma. Je ne voulais à aucun prix d'un troisième piano, encore moins de livres anglais. Le jour où je cassai un verre haut sur pied, Tante murmura : « Cela t'en fera un de moins. Il n'en reste plus que onze. Ce cristal de Bohême est irremplaçable. » Le mot Bohême me transportait chaque fois dans un monde chatoyant. J'imaginais là-bas des êtres superbes qui passaient leur temps à forger des bijoux, chantant et se réchauffant à de grands feux en plein air.

Sur une table en demi-lune trônait un Bouddha, le ventre retombant en trois larges plis sur ses cuisses. Je savais qu'il était le symbole d'une religion à laquelle j'avais pu jusqu'ici échapper. Je ne voulais pas de cette statue, ni que sa présence éventuelle m'infligeât un jour une troisième éducation religieuse. L'oncle et la tante, parlant entre eux l'anglais, me désignaient par les mots « *the child* ». Quand je remuais tant soit peu, c'était « the child is moving » et lorsque je courais, j'entendais « the child is running ». J'étais « *the child who doesn't eat* » lorsque je repoussais mon assiette, lasse de lutter contre ces poissons fumés, d'apparence étriqués, mais extrêmement bourratifs.

Oncle et Tante trouvaient que mon apprentissage de l'anglais, qui ne devait débuter qu'à partir de l'âge de dix ans, serait beaucoup trop tardif. Mon jeune savoir de la langue française traînait après lui une odeur de soufre. Ils jugeaient cette langue comme un mode d'expression futile dont la verbosité noyait le propos et dont la musique ne faisait qu'enrober la roublardise des hommes politiques. Ces Français avaient d'ailleurs laissé tailler la Hongrie en morceaux en 1918, à Trianon. Et puis, c'était une langue qui dispensait au monde maintes expressions immorales et qui soulignait les différences de genre jusque pour les objets les plus usuels. « Et qu'est-ce que c'est que ce baragouin, s'exclamait ma tante, où l'amour filial, maternel, ou celui qui règne entre fiancés (les gens mariés étaient de nouveau bannis) sont désignés par le même mot que le goût des choses ? » J'eus droit à une grande leçon sur « *love* » et « *like* ».

Les yeux brûlants, la gorge sèche, j'aurais bien voulu répéter alors une expression de ma gouvernante qui m'avait confié un matin, le visage ruisselant de larmes : « Il me manque. Je veux le retrouver et faire l'amour avec lui. » « Lui », c'était l'homme à cause de qui Liliane se trouvait en Hongrie. J'adorais ce peuple où l'on « faisait l'amour » comme chez nous « on faisait » la cuisine, une valise ou bien le ménage. Ajouter le « faire » à cet amour si abstrait, si souvent condamné au silence, aux séparations, ramener ce mot et l'idée qu'il recélait à une dimension banale, presque quotidienne, me rassurait. Si l'on pouvait faire l'amour, on pouvait donc faire aussi du sentiment ?

L'Oncle et la Tante avaient la fâcheuse habitude de dormir après les repas, et je végétais alors dans une sorte d'angoisse : allaient-ils se réveiller ? Je ne voulais pas être chargée comme un mulet de leurs biens, surtout du Bouddha dont le sourire jaune et large comme une tranche de melon m'épouvantait. Lors d'une de mes visites, je leur apportai une danseuse de fine porcelaine que j'avais prélevée dans la vitrine de maman. « Un cadeau, pour que vous ne mouriez pas. » Ils trouvèrent que j'avais bon cœur mais la danseuse en tutu rose, la jambe gauche légèrement repliée sur l'autre et les bras en demi-cercle au-dessus de son petit visage niais, fut aussitôt restituée à maman.

The child était condamnée à attendre au salon la fin de la sieste. Juchée sur le fauteuil aux accoudoirs ronds et raides comme deux saucissons, j'atteignais juste de la pointe du pied un dragon stylisé qui se faufilait dans les dessins du tapis. Il avait la tête plate, deux billes phosphorescentes à la place des yeux. Ma tante dormait dans la chambre à coucher et mon oncle avait opté pour le canapé du bureau. Ils laissaient les portes ouvertes sur leur sommeil et je me rassurais en écoutant leur respiration. Leur ronflement n'était ni anglais, ni français, ni hongrois. Tante ronflait « fragile », le son sortait de sa gorge comme une dentelle déchiquetée dont elle aurait recraché les lambeaux. L'Oncle ronflait sur un ton de réprimande, un dialogue violent s'établissait entre son gosier et sa glotte.

J'aurais aimé jouer au-dehors, parmi les autres

enfants qui parfois s'amusaient dans la rue, même dans ce quartier « chic ». Je vivais là dans un huis clos tapissé d'argent et oppressé par l'âge. Je me faisais des idées de plus en plus étranges sur le mariage. Pourquoi mon oncle mangeait-il, obéissant, des gelées qu'il exécrait ? Pourquoi mon père allait-il à la messe ? La dégustation des gelées chez l'un, la fréquentation de l'église chez l'autre semblaient pourtant issues d'une cause lointaine qu'on devait appeler, à l'origine du mariage, amour. Mais l'amour dont je rêvais timidement ne pouvait pas avoir pour seul but cette forme de soumission à l'autre. Entre Othello qui avait étranglé Desdémone en lui tordant le cou comme à un poulet, entre Roméo et Juliette qui s'étaient suicidés à cause d'un décalage horaire, et les couples que je connaissais, il y avait un élément inconnu, terriblement troublant.

Tout en attendant l'éveil de ces affectueux vieillards qui achetaient encore, jour après jour, des foules d'objets, y compris par correspondance, surtout des ivoires, pour m'en constituer un héritage riche en attrape-poussière, qu'aurais-je pu faire d'autre que lire ? Mettant à profit ces périodes d'attente, je découvris certaines solutions brutales utilisées par ceux qui avaient rencontré pareils problèmes matrimoniaux. Le destin sanglant de Marie Stuart me faisait frissonner, tout comme l'impatience de Henri VIII à faire décapiter ses épouses récalcitrantes. Le mot « divorce », qui m'était devenu familier, s'accompagnait de l'image d'un bourreau armé d'une hache. Le mariage me semblait une notion de plus en plus périlleuse, elle en venait presque à rejoindre celle de mort.

Lors de ces heures oisives où ma vie stagnait, où l'air alentour moisissait d'ennui, je me laissais aller à peaufiner une autre idée : l'idée de ce que pouvait être la liberté. Le lourd parfum des géraniums surchauffés par le soleil se déversait dans l'appartement. Je me voyais alors parmi d'autres enfants, participant à leurs jeux violents, courant après un ballon qui m'échappait, que je rattrapais. J'aurais aimé traverser à pied une plaine immense et tenir en laisse, comme un chien ailé, un cerf-volant.

Ma tante avait l'habitude de réveiller mon oncle en lui portant sur un plateau son thé accompagné de petits gâteaux secs. Lors d'un dimanche étouffant, alors que je n'en pouvais plus de ces heures vides, indigestes, Tante apparut dans l'embrasure de la porte, tremblante. La petite cuillère dansait sur le plateau d'argent et faisait des « cling-cling » en sourdine. « Je crois que l'Oncle est mort », dit-elle. Dans l'absolu, le mot n'avait alors aucune signification pour moi. Papa l'évoquait si souvent qu'en lui-même, le terme ne m'impressionnait plus guère. Je déposai mon livre et m'approchai, lui pris le plateau des mains et le posai sur la table de bridge recouverte d'un molleton vert gazon. Puis nous allâmes voir l'Oncle qui semblait dormir paisiblement, les mains nouées sur l'estomac, les yeux clos. Il ne ronflait plus, il était donc bien mort.

C'était la première fois que je voyais une femme trembler ainsi, feuille solitaire encore à peine attachée à la branche. Elle voulait téléphoner à mes parents pour que ceux-ci vinssent me chercher, mais elle ne pouvait pas parler, elle claquait des dents. Je composai notre numéro et dis à maman : « L'Oncle ne veut pas de son thé, il est mort. » J'entendis un petit cri, maman s'exclamait : « Un dimanche ? J'arrive. »

Tante repoussa un peu les jambes encore obéissantes d'oncle Istvan et s'assit au bord du canapé. Elle se mit à tapoter la main de son mari comme pour le réveiller, lui disant : « Mucika, vous ne pouvez pas me faire ça, me laisser seule ! Pourquoi m'avez-vous quittée sans me dire au revoir...? » J'étais calme et froide, malgré l'insolente chaleur de l'extérieur. « Je devrais faire quelque chose, dit-elle soudain, perdue. Téléphoner, prévenir, mais peut-être va-t-il se réveiller et tout s'arrangera ? »

Je regardais l'Oncle, redevenu jeune et presque transparent. Maman arriva enfin. Torrent d'embrassades, de pleurs, de fébriles chuchotements. Le drame continuait à se dérouler en sourdine. Je ne semblais pas, paraît-il, trop effrayée. Mais quelques jours plus tard, agressée par une violente odeur de géraniums, je fus prise de nausées. J'allais, la nuit durant, pleurer toutes les larmes de mon corps.

L'une de mes premières rencontres avec *Les Frères Karamazov* avait eu lieu lors d'un déjeuner interminable qui m'incitait à l'impertinence. Pour ménager ma fuite, je bâillais avec ferveur. « Mets ta main devant ta bouche ! » Je l'ouvrais encore plus grande, présentant aux convives un gouffre d'ennui. Un « va-t'en donc » me libéra enfin. Je ne pouvais aller voir les chiens, ils étaient enfermés et, a priori, m'étaient interdits eux aussi, sauf lorsqu'il fallait descendre Tücsök dont plus personne ne voulait pour compagnon.

J'étais pieds et poings liés, livrée aux adultes. Il me restait, comme à l'habitude, le refuge de la bibliothèque. Assise par terre, je cherchai les Huysmans, ils n'y étaient plus, on les avait cachés depuis qu'on m'avait arraché des mains, avec des cris d'orfraie, *En bas*. J'extirpai *Les Frères Karamazov* d'un rayon où les volumes étaient comprimés, comme soudés les uns aux autres. Depuis que je savais lire, ma seule défense contre mon entourage était la découverte d'autres familles, si possible encore plus exubérantes et possessives. Je tombai précisément sur la description d'une réunion dans un salon où « la conversation s'achevait ». J'étais émerveillée à l'idée qu'une conversation pût « s'achever », que les gens en vinssent à se taire. Superbe. D'une page à l'autre, une nommée Katherina Ivanovna virevoltait, « surexcitée ». Le mot « surexcité » m'intriguait. Katherina Ivanovna, la surexcitée, se trouvait confrontée à un certain Aliocha qui aimait d'amour tendre ses deux frères. J'aimais aussi mes deux frères, mais Aliocha appréciait davantage les siens. L'analyse de leurs sentiments complexes me remplissait d'aise. Je trouvais ces Russes bien sympathiques, parce que l'ambiance chez eux était plus tourmentée, plus passionnelle, qu'ils s'épanchaient encore plus impérieusement que chez nous. Ils broyaient du noir à tour de bras. Dans ces labyrinthes slaves, je reconnaissais quelques-unes de nos qualités, parfois aussi nos défauts, mais accentués, portés à des hauteurs et à des excès qui les sanctifiaient presque. D'heurts en malheurs, de richesse en misère, un immense pays se dessinait ainsi par petite touches. Je les admirais, ces Russes, je décidais de les connaître mieux. J'articulais leurs noms à voix haute, prononçant avec solennité « Dmitri Fedorovitch ». Il manquait un *i* à son prénom, il ne s'appelait pas Dimitri, mais Dmitri. J'aimais cet *i* manquant. Un jour, de la même manière que cet *i* avait été extrait du nom, j'avais arraché une de mes dents. Elle bougeait déjà, je n'avais plus eu qu'à l'entourer d'un fil. Je l'en ai emprisonnée comme d'un lasso et j'ai tiré. Je souriais ensuite à mon entourage et, pour les dégoûter davantage, j'exhibais le petit chicot dans un mouchoir.

Bientôt je découvris dans *Les Frères Karamazov* l'existence infortunée d'une fillette de cinq ans, une enfant martyre, torturée par ses parents. En comparant mon destin au sien, puis à celui d'Oliver Twist et de David Copperfield, je pouvais m'estimer protégée. J'ai cultivé assez tôt le bonheur par comparaison.

J'aimais aussi, dans cette ambiance russe, les chuchotements précipités des « Madame Kholokov », les exclamations dramatiques, les « petites mères » et les « petits pères », le son des clochettes accrochées à l'encolure des chevaux de traîneaux. A côté de ces Russes, nous paraissions anodins, presque insignifiants. A la première occasion, j'ai lancé théâtralement à maman : « *Seigneur, où vas-tu ?* » Nourrie de Dostoïevski, mais abreuvée d'opéra, je prononçai ce « Seigneur où vas-tu ? » avec une intonation pour moitié empruntée à la Tosca et pour l'autre à une quelconque Alexandrovna. Maman se retourna : « Comment oses-tu ? Il est interdit de prononcer le nom du Seigneur sans raison... »

Maman n'était donc étonnée ni par l'exclamation théâtrale ni par ma slavophilie qu'elle aurait dû remarquer aussitôt. Non : elle était choquée par l'utilisation du mot « Seigneur ». Nous étions vraiment à cent lieues l'une de l'autre.

Je continuai à plonger et évoluer dans les profondeurs des *Frères Karamazov* où je rencontrais des « agitations extraordinaires », des gens *châtiés,* mot qui me bouleversait en me donnant à entendre le ferraillement des chaînes, à voir ces bagnards au dos ensanglanté courbés sous les coups de fouet.

Grâce à la richesse de nos bibliothèques où les mêmes œuvres se côtoyaient en hongrois et en français, j'assimilais simultanément les deux langues. Et tandis qu'on me condamnait aux lectures dites « autorisées », je lisais à perdre haleine mes Russes interdits. Je me réfugiais dans leur romantisme empreint de chagrin, de déchéance, de candeur feinte, à leur goût aigu de violence, de vengeance et de justice. Ils étaient mes délicieux secrets, mes frères incestueux, ces héros dont les prénoms délicatement prononcés amenaient sur mes lèvres la saveur d'un interdit dont je supposais à peine les délices. Ils devenaient les intermédiaires entre une fiction dont ils étaient les vedettes et le feuilleton de notre vie. Le mot « révolution » m'émeuvait. J'aimais les causes justes.

Raskolnikov, l'une de mes ombres familières, me regardait éclore. Amoureuse des anti-héros, submergée par l'envie de protéger ces êtres irradiés d'idéaux qui traversaient, malades de nonchalance, les œuvres de Fedor Mikhaïlovitch Dostoïevski, j'étais aussi, modérément il est vrai, séduite par le prince Muichkine dont la candeur — vraie ou feinte — m'agaçait pourtant. J'avais trop vu de cérémonies religieuses et de cycles annuels au cours desquels se déroulait invariablement le destin divin, de la crèche à la croix, pour admettre l'hypothèse selon laquelle la foi seule peut changer une société en profondeur. Je tentais de découvrir ce que nous autres représentions exactement. Je lançais des questions : « Est-ce que tout le monde a peur d'un changement de société, ou bien nous seulement ? » J'aurais aimé m'arracher du cercle du « seulement nous », de « notre catégorie », de « notre milieu ». En mettant sur un plateau de la balance les personnages des romans russes et, sur l'autre, tout ce que je connaissais du destin hongrois, je comprenais de quelle manière, et souvent malgré elle, notre société courait à sa perte. Je nous considérais pourtant comme généreux et presque inoffensifs à côté de ces géants barbus dont le domaine spirituel, dégoulinant de matérialisme barbare, oscillait entre cauchemar et conte de fées. Ces seigneurs à la conscience bouffée par la vermine du pouvoir, aux mains gercées par le vice et le crime, ne m'éblouissaient pas moins, me plongeaient dans une terreur fascinée. Je croyais entendre le bruit de leurs ligaments tendus à claquer lorsqu'ils retenaient leurs chevaux en fureur, couverts d'une mousse de sueur. Je les attendais dans un étrange demi-rêve, bras en croix au milieu d'une route envahie de poussière. Les chevaux s'arrêtaient pile, juste avant de m'écraser.

Elles devenaient mes mères et mes sœurs adoptives, ces héroïnes russes dont le corps frustré s'enserrait dans l'étau de guêpières lacées à mort par des servantes chez qui la révolte s'exprimait ainsi à la force des poignets. Les femmes de ces seigneurs, avec leur vie sentimentale ravagée par la phallocratie de l'époque, cédaient fébrilement à toutes sortes de démangeaisons intellectuelles et sensuelles. Les Alexandrovna, les Anastasia, les Katherina Ivanovna, je les aimais toutes d'une amitié farouche. Pour m'amuser, m'extraire de chez nous, je jouais au jeu de l'identification, j'étais celle qu'on adulait, qu'on bafouait, qu'on enlevait, qu'on rendait, qu'on laissait seule, qu'on entourait de mille attentions. Fille de la puszta hongroise, j'étais devenue l'enfant adoptive des steppes. Toute cette litérature transfusait sa gaieté mêlée de larmes et de violence dans mes propres veines.

Lorsqu'on absorbe, entre dix et quinze ans, ne fût-ce qu'une faible part de la littérature russe, on grandit comme une ombre folle dans un jeu de lumières. Les reflets faussent toutes proportions. Je mesure aujourd'hui combien la guerre, le siège de Budapest, mon enfance mal vécue mais point trop malheureuse, étaient assortis à cette littérature. A en rouvrir les pages, je me vois encore errer — oui, comme si c'était hier — dans Budapest en ruine.

Ce récit m'agresse et projette dans ma cinémathèque personnelle des bobines de souvenirs en noir et blanc. Il faudrait arrêter ce spectacle. Comme en embuscade, les images m'assaillent. Guérillas de tendresse et de chagrin qui m'écorchent. Fascinée, j'entre malgré moi dans ce labyrinthe où des souvenirs précis comme des mouvements d'horloge m'attendent. Je voudrais tant fuir la reconstitution. Je devrais prendre la voiture et m'embarquer pour une journée d'excursion, m'engager sur des routes gravées comme au compas à flanc de montagne. Abandonner mes crayons-feutres, qu'ils se dessèchent, aller voir le ballet des écureuils au col de la Forclaz. Je pourrais aussi m'assourdir l'esprit, grâce au décalage horaire, me rendre jusqu'à New York, flirter avec la ville. Que faire ? Je demande aide et conseil à l'âme qui m'accompagne jour et nuit. Je m'adresse aussi à François, qui m'apaise comme le faisait son père, et je dis à Anne, ma fille : « Je ne veux plus écrire ces souvenirs. » « Maman », répond-elle seulement. Sa tendresse capitonne mon existence. Tous deux sont désarmés, comme toujours, lorsqu'ils me voient prise au piège de papier. Je souffre, crie au secours, je veux partir, mais la prison des lignes me retient. François et Anne trouvent les mots et gestes d'un amour qui ne connaît pas de marée basse. Je sens leur regard posé sur moi lorsque, au petit matin, j'affronte ce tête-à-tête avec l'indicible, le pas-encore-dit. J'ai cru avoir tourné une page et voici qu'elle retombe sur moi comme, par tempête, le battant d'une porte. Les débris de rêves blessent autant que les éclats du verre. Où suis-je donc ? Dans quelle littérature lue, vécue ou à écrire ? Je n'aime au fond que l'invention, le roman, les personnages que je crée, et me voici tombée dans le pire traquenard.

Je ne voulais pas parler de moi, seulement évoquer des impressions d'adolescente à propos de Dostoïevski, Pouchkine, Gogol, mais ils ne sont plus que les lointains révélateurs de mes sentiments. Tout un monde que j'ai voulu repousser à bout de bras, m'attire. Il faudra en finir avec ce bal de spectres, ces « sanglots longs », ces accords de piano ou d'âme en pleurs, il faudra danser cette valse jusqu'au bout, jusqu'au vertige.

Je me retrouve à Budapest. Des ruines restées *intactes*, quoi de plus drôle ? Il faudrait en pleurer de rire. Le passé est simple, pourtant.

Je devais monter à l'appartement situé au troisième étage de notre immeuble ravagé. Nous étions sur le point de partir avec mes parents lorsque je m'éclipsai, profitant de leur énervement désorienté. Nous nous apprêtions à traverser le Danube pour trouver refuge sur l'autre rive. Je ne pouvais partir sans essayer d'emporter quelques livres. Ne pas avoir de pain était infiniment grave, mais perdre mes livres, c'était la fin du monde.

Je montai l'escalier de marbre. Juste avant d'accéder au palier, j'enjambai un vide, une marche manquait. Je contemplai notre porte d'entrée en chêne, jadis si bien cirée, décorée d'un heurtoir dont il ne restait plus que l'anneau : la tête de lion avait été arrachée, comme la sonnette dont les fils pendaient.

C'était la première fois depuis des semaines que je revoyais notre appartement. J'entendais battre mon cœur comme un tambour, à coups irréguliers. Je trébuchai sur le seuil encombré de gravats. Pour rétablir mon équilibre, j'empoignai la porte à demi défoncée. C'est alors que le chêne blessé planta violemment dans ma paume une écharde.

Je ne saignai pas. L'éclat de bois s'était fiché sous mon épiderme et y ravageait pour toujours les lignes de ma vie.

J'enjambai des monceaux de plâtras. Juste à gauche de la porte, une petite table élégante et triste vacillait : c'est là que, jadis, les invités déposaient leurs gants. Au-dessus, un miroir ovale exhibait ses fêlures. Le plafond, sillonné de crevasses, menaçait de s'effondrer.

Ayant passé près de deux mois à la cave, la misère humaine m'était devenue familière, pas encore celle des objets. Dès le début des affrontements de rue entre armées russe et allemande, j'évoluais comme les autres aux frontières de la mort. Je regardais les êtres que j'avais connus à l'époque de leur confort ouaté se transformer en héros ou en rapaces. La cave de l'immeuble, inondée par l'écume d'un Danube sorti en grondant de son lit, grouillait de rats. Le spectacle de ce monde éclaté me sidérait, je me sentais étonnamment légère. Libre enfin, mais à quel prix...

La liberté, je l'avais, mais en lambeaux. Les murs muaient, se débarrassaient de leur épiderme soyeux. La vision des tableaux tailladés à coups de couteau ou saccagés par des éclats d'obus, encore suspendus grâce à différents cordons et clous tenaces, évoquait l'image d'un puzzle agencé par une main d'ivrogne. Devenus figurants d'un cirque fou, mes ancêtres me dévisageaient. Ils étaient tous là, plaqués contre les parois comme des fusillés qui, après l'exécution, n'arrivent pas à s'affaler sur la terre trempée de leur sang. Et si c'était ici ce fameux purgatoire ? Ou bien un avant-goût de l'enfer ? J'errais, petit clown encore vivant, sous l'œil exorbité de ceux dont mes gènes portaient l'estampille.

Un grand miroir guettait mon passage. Je me plantai devant lui, m'affrontai du regard. A travers une poussière grasse, une très jeune fille, blé vert arraché de sa terre et de son soleil, roseau pudique déguisé en garçonnet, me dévisageait. L'enfance s'éloignait à la vitesse de la lumière. Soudée au miroir, lèvres vivantes calquées sur mes lèvres-reflets, je me dédoublais. L'inquiétant vertige, auquel je ne résistai pas aussitôt, me plongea dans une sorte de nausée teintée d'un vague plaisir. A la découvrir ainsi, j'allais quitter mon enveloppe charnelle, être équivoque qu'aucun Cocteau n'aurait accepté dans son univers d'attrape-ombres.

Le miroir captait ma chaleur. Je vivais, puisque ma respiration dessinait un cercle de buée sur sa surface glacée. Pourrais-je m'en détacher sans me déchirer? J'avançai. Je dus repousser les gravats qui bloquaient la porte de ma chambre. A peine le seuil franchi, je tombai et me retrouvai à quatre pattes, le nez écrasé contre le tapis d'Orient qu'on avait dû rouler avant de descendre à la cave. La douleur tenaillait ma paume blessée. Le portrait de l'officier au regard de marron glacé gisait par terre.

Je m'approchai de ma bibliothèque, mon aînée, ma compagne surnaturelle, jour et nuit bruissante de messages, source où s'abreuver de la connaissance de l'amour et de la mort, puits tourbillonnant de rêves. Je l'effleurai. Elle était à l'agonie. Sur certaines étagères, les doubles rangées paraissaient presque intactes, mais la plus grande part des livres se trouvait éparpillée à terre. Un orage d'obus avait dû faire choir une grêle de livres, un fantastique déferlement, une avalanche qui, en s'abattant, s'était décomposée en mille volumes. Eux aussi souffraient de la guerre. Décousus, déchirés, beaucoup perdaient leurs entrailles.

Agenouillée, humblement prostrée comme on

eût aimé me voir dans les églises, je m'abandonnai sans retenue à la compassion pour mes livres-martyrs. Un jour, je prendrai mes propres enfants dans mes bras comme je le faisais ici de ces volumes. Six d'un côté ne faisaient-ils pas le poids d'un nourrisson costaud ? Un garçon peut-être ? Et six de l'autre, la jolie petite fille... Deux brassées de livres, deux enfants. J'aurais voulu pareillement étreindre contre moi tout le blé, les fleurs, les animaux victimes de cette guerre. Je n'aimais vraiment que la littérature et la nature. La complicité sonore de ces deux mots — prononcés en français — me réconfortait.

Je refermai délicatement, comme les yeux d'un mort, un Balzac. Il me fallait absolument retrouver *L'Education sentimentale* et *Madame Bovary*, et puis mes Russes. Où étaient mes Russes ? Lorsque je les avais volés chez papa, pour ne pas laisser d'espaces vides, j'avais glissé à leur place quelques Bernanos, des Pierre Loti, une marquise de Sévigné. C'est à l'aide de ces Russes que j'avais conquis le territoire de mes rêves, de mes pensées personnelles. Mes parents ignorèrent jusqu'au bout que j'avais lu *Crime et Châtiment* à neuf ans. Ils en auraient été affolés mais, peut-être, secrètement fiers aussi. Je m'étais faufilée entre l'oubli des uns et le savoir souverain des autres. Certains titres me fascinaient à distance, d'autres me happaient, auxquels je me laissais prendre aussitôt. Désormais, plus personne n'aurait le temps ni le loisir de me surveiller.

Ce matin-là, l'appartement était à moi. J'aurais pu tout prendre. Mais à quoi bon ? Les livres qui m'appartenaient, éparpillés, la reliure déchirée, souffraient comme d'un haut mal. J'aurais voulu les apprendre par cœur pour pouvoir les réciter à nouveau un jour. Je ne savais rien, à l'époque, de Bradbury. Mais il aurait fallu d'abord réorganiser le monde avant de vouloir reconstituer une bibliothèque.

Je continuais à chercher. Où est Lermontov? Il me fallait mon Lermontov. La disparition de ce volume me mettait en rage. Pourtant, je l'avais bien vu quelque part, juste avant de descendre à la cave. Et où est *Eugène Onéguine*? *Dubrovski*? Il fallait les retrouver. Je venais de repêcher *L'Adolescent* de Dostoïevski, je retrouvai aussi *Les Pauvres Gens*. Quel bonheur! Le monde pouvait maintenant s'effondrer, rien ne m'empêcherait d'ouvrir le volume et de commencer à lire, comme par gourmandise, juste ces quelques lignes :

« Mais la matinée fraîche, éclatante, de celles qui sont rares ici en automne, m'a ramenée à la vie, je l'ai accueillie avec joie. Donc, nous voici déjà en automne! Combien j'aimais l'automne à la campagne! J'étais encore une enfant, mais je sentais déjà beaucoup de choses. Je préférais la soirée d'automne au matin. Je me souviens qu'à deux pas de notre maison, en contrebas, se trouvait un lac. Ce lac (il me semble que je le vois en ce moment) était large, lumineux et pur comme du cristal! Si la soirée était calme, le lac était tranquille; pas une feuille ne bougeait sur les arbres qui croissaient le long de ses berges, l'eau était immobile comme un miroir. Et la fraîcheur, le froid! La rosée tombe sur l'herbe, dans les izbas de la rive les feux s'allument, on rentre le troupeau... à ce moment-là, je me glisse sans bruit hors de la maison pour contempler mon lac et j'y perds le sentiment de moi-même. Une brassée de fagots brûle chez les pêcheurs tout au bord de l'eau, sa lueur se reflète à l'horizon, il est traversé de bandes de feu qui pâlissent de plus en plus; la lune apparaît; l'air est sonore; une alouette effrayée qui bat des ailes, un roseau qui se balance sous la brise, un poisson qui fait rejaillir l'eau, tout s'entend. A la surface de l'eau sombre monte une brume blanche, légère et transparente, les lointains s'effacent; tout se noie en quelque sorte dans le brouillard, cependant plus près tout est nettement découpé et ciselé comme au burin : une barque, la rive, les îles; un tonneau abandonné, oublié au bord de la berge, se balance imperceptiblement sur l'eau, une branche de cytise aux feuilles jaunies est prise dans les roseaux, une mouette attardée tantôt plonge dans l'eau froide, tantôt reprend son essor et disparaît dans la brume... Je ne pouvais me lasser de regarder, d'écouter... quelle merveille, quel bien-être ! Et je n'étais encore qu'une enfant !... »

Emue, je m'exclamai presque de joie. La tendresse russe avait ce goût sucré-salé des desserts japonais. Que de rires et de sourires teintés de mélancolie dans ces pages ! Comme pour y répondre, un curieux gémissement se fit entendre des entrailles de la maison. Devant moi, le mur se fendit en deux, ouvrant une brèche sur l'appartement voisin. L'univers se craquelait comme un vieux biscuit. J'aperçus la chambre à coucher des gens qui habitaient à côté de chez nous. Ils attendaient, eux aussi, leur départ de l'immeuble, ils devaient s'être réfugiés au rez-de-chaussée. Je n'étais jamais allée chez eux et il me semblait assez saugrenu de me retrouver dans leur intimité par suite de l'éboulement d'une cloison fissurée. Mon regard aperçut, dans un angle intact de la pièce, un lit impeccablement fait. A côté, c'était le vide.

Même depuis chez moi, à travers cette pièce voisine, j'apercevais la rue. Une partie de la façade manquait. Sur un mur encore intact, une croix garnie de rameaux de buis, un Christ meurtri encore attaché à ce fantomatique décor du passé fermait à demi les yeux pour éviter de contempler ce monde qu'il nous laissait en héritage. Il m'arrivait souvent de m'interroger sur cette coutume, purement catholique, d'exposer des statues du Christ agonisant. Rappel à l'humilité? Mise en garde contre les vanités d'ici-bas ou bien évocation d'un perpétuel remords? Je ne voyais pas la nécessité de le prendre ainsi à témoin ni de le faire assister en permanence à notre vie quotidienne... Je ne critiquais pas, je m'étonnais seulement.

Le vide sur lequel béait l'autre pièce rendait l'univers poreux, atemporel. Que restait-il de l'ancienne vie? J'aurais pu explorer les chambres de mes parents, du moins ce qu'il en restait, pour découvrir, sur le marbre de la table de chevet de mon père, un verre d'eau intact à côté de quelque étude sur Swift. Le lit de papa m'apparaissait déjà comme un souvenir embrouillé. Décoré d'un enchevêtrement de dorures, flanqué de deux sphynx aux visages empreints d'une douce mansuétude, il m'intimidait. La mémoire est fille de Judas. Enfant, ce lit me paraissait énorme; adolescente, il ne m'impressionnait plus que par son apparat sinistre. Mon père, qui avait viscéralement peur de la mort, dormait dans un lit qui ressemblait à un cercueil d'acajou. Il ne le voyait pas ainsi, évidemment, autrement il l'aurait fui. Sa chambre était pour lui un refuge, sa caverne d'intellectuel. Papa faisait pousser des papiers autour de lui, l'idée semée lui revenait sous forme de feuillets recouverts de sa belle écriture minutieuse. Des journaux dont certains articles étaient soulignés de rouge ou cochés de noir, dont l'importance n'était évidente que pour lui, envahissaient tous les espaces libres de son décor et de sa pensée.

J'avais souvent envie de lui parler, il était toujours d'une politesse exquise, mais je savais que ses préoccupations étaient ailleurs. Je voulais lui raconter des histoires, parler des personnages effrayants du crépuscule, de la mort de l'Oncle dont le souvenir ne cessait pas de m'obséder. Papa m'écoutait avec un léger sourire, m'assurant de son adoration, et encore l'adoration n'était-elle qu'un terme mineur lorsqu'il tentait de définir ses sentiments à mon égard. Mais il ne m'écoutait pas vraiment. Il cherchait à fixer ses idées de peur que celles-ci ne lui échappent. Il lui fallait un crayon, du papier. Quel intérêt pouvais-je avoir avec mes élucubrations, ces histoires que je voulais déjà écrire? Il fallait pourtant parler à quelqu'un de mes rêves et, à cause de sa douceur, papa me semblait le plus apte à comprendre que je ne serais jamais pianiste, mais écrivain.

Pendant qu'il élaborait ces phrases cinglantes qui alimenteraient ses articles, je tournais autour de lui, essayant de trouver le moment propice où capter son attention. Le jour où je lui déclarai enfin : « Plus tard, j'écrirai moi aussi », il me répondit : « C'est très bien. » Par malchance, la cendre accumulée au bout de son cigare vint alors à tomber et l'incident revêtit plus d'importance que ma déclaration, aussitôt oubliée, disparue.

Papa fumait le cigare pour le plaisir et pour celui d'agacer maman. Silencieux, à bouffées rapprochées, il laissait ainsi s'allonger le petit cylindre de cendre, jusqu'à ce que le danger de chute devînt imminent. Unis par une profonde entente agrémentée d'agacements mineurs, mes parents s'entendaient ainsi jusque dans l'expression de leurs désaccords quotidiens. Jamais je ne les ai vus s'embrasser, ni même s'effleurer la main. Bercée de rêves brûlants, espérant bien un jour être prise dans le tourbillon d'un amour fou, à regarder les adultes proches ou lointains, j'imaginais le mariage comme un rouleau-compresseur des sentiments.

Tandis que le corps élancé, aristocratique de mon père trouvait son refuge nocturne dans le style Empire, ma mère, poupée mobile et pétillante d'intelligence, affichait sa passion pour un large lit et un décor moderne. Sa chambre resplendissait de lumière, de couleurs chatoyantes et féminines. Elle avait choisi des tableaux reproduisant des scènes bucoliques parmi lesquels elle s'épanouissait. Ne redoutant pas le poids meurtrier suspendu au-dessus de sa tête, elle avait fait accrocher au haut de son lit une immense toile baptisée *Pluie d'or*. Ce paysage incitait à s'engager par des chemins où le vert se métamorphosait en or pour virer ensuite au roux. Le sol mousseux était recouvert de confetti jaunes, mille taches de soleil.

Ma mère s'acclimatait aux saisons avec souplesse. Elle avait le printemps impatient, l'été gai, l'automne optimiste, l'hiver résonnant de Chopin et autres musiques. C'est peut-être vers l'âge de sept ans que j'ai dû entendre chanter pour la première fois *Parlez-moi d'amour*. Maman était heureuse et belle au piano. Elle avait une jolie voix et peut-être trouvait-elle ainsi, à chanter, une échappée hors de notre univers de papier imprimé. « Redites-moi des choses tendres... », la phrase brodait l'atmosphère de tendresse. Il existait donc de par le monde des gens qui parlaient d'amour et qui se permettaient de dire des « choses tendres »! Evidemment, c'étaient les Français. Il faudrait qu'un Français m'aime un jour et que je l'aime. Curieusement, pourtant, je cherchais mon idole loin de Julien Sorel ou de Fabrice, j'aspirais à un amour fou, mais avec quelqu'un de prévisible, de plutôt « raisonnable », de sûr. J'attendais que l'on me protégeât contre moi-même. Un amour-passion, assorti d'une assurance-fidélité.

Nous avions, comme tout le monde, des valises. Je les avais vues, mais quand ? Trois mois ou une éternité auparavant ? Le temps commençait à jouer à cache-cache avec la durée. Dans notre vie, tout avait toujours été préparé et rangé par les employés de maison. Où pouvaient-ils avoir mis ces valises ? Je marchais sur mes poupées de porcelaine qui gisaient par terre, l'une éborgnée, l'autre disloquée. Petits cadavres de l'enfance...

Pour emballer quelques livres, je m'emparai de mon couvre-lit saupoudré d'une épaisse poussière de plâtre. Je le secouai et me retrouvai au milieu d'un nuage suffocant. Mère-canard, mère-cigogne, mère de science-fiction qui n'accoucherait jamais que de livres pour n'avoir été fécondée que par des idées, je préparais un lit à cette culture qu'on m'avait inculquée, que je haïssais parfois, mais qui, au moment d'en être privée, me paraissait unique en chacun des livres qui la composaient.

Je portai sur le couvre-lit les volumes que je retrouvais et que j'entrouvrais pour savourer là un mot, là une phrase. Quelle ambivalence d'un savoir d'abord rejeté puis réclamé comme une drogue ! A l'école, je valais bien peu de choses. On me souhaitait remarquable, mes défauts étaient sans appel. Nulle en maths, faible en latin, juste perspicace en grec, exécrable en histoire : « Au lieu d'apprendre, elle invente, madame. Or on ne peut inventer l'Histoire. Il faut qu'elle le comprenne... »

Un gros volume attira mon regard. Je le pris d'un geste attendri : *La Montagne magique*. « Mais ce n'est pas pour toi ! C'est un symbole, Christine. Tu es bien trop jeune... Et puis c'est une histoire de malades. Tout le monde est malade, dans ce livre. » Mais étions-nous nous-mêmes, et notre société, en bonne santé ? Lorsque j'avais lu clandestinement *La Mort à Venise*, j'avais erré, brûlante de fièvre et d'émotion, des jours entiers. Ce n'est pas l'oncle Tibor qui fut appelé, mais un médecin de quartier. Il m'examina longuement. Assez flatté de l'endroit où il se trouvait par suite de cette « urgence », il avait demandé : « Vous n'avez pas de pédiatre, madame ? » « Non, avait répondu maman, elle a dépassé l'âge. »

Elle, c'était moi. Le médecin avait promené son stéthoscope sur ma poitrine plate, puis parcouru mon dos. « Rien aux poumons, rien à la gorge. » L'homme était perplexe. « J'ai peut-être la peste ? » émis-je d'une voix étranglée. Le médecin hocha la tête. « Quelle imagination ! » Dans un coin reculé de la chambre, maman et lui parlèrent de « puberté » en chuchotant. Le mot était délicat, ce qui se cachait derrière, on ne peut plus secret. Alors que mon éducation sentimentale et intellectuelle était assurée par Flaubert, les renseignements que je pouvais glaner sur ce fameux « sexe » étaient du ressort de Maupassant. Je cherchais à comprendre le comportement de « Boule de suif » et la « raison sociale » de la « maison Tellier » me semblait assez énigmatique. Quant à maman, elle était bien incapable de me parler de mon propre corps. « Votre fille semble en bonne santé, madame. Mais n'a-t-elle pas reçu un choc ? » Le médecin tentait de cerner la raison de mon malaise. « Un choc, docteur ? » Le rire nerveux de maman roula et ricocha dans la pièce comme un collier de perles rompu. « C'est l'enfant la plus gâtée au monde, on l'a élevée dans du coton. »

Une étonnante imperméabilité à la notion de temps nous permettait de franchir les frontières des générations sans l'ombre d'un complexe. Je n'étais plus une enfant, mais mes parents ne vieillissaient pas pour autant. Ils négligeaient les séparations, les clivages habituellement convenus entre les différentes phases de la vie. D'où mon enfance gommée, leur âge mûr effacé. Chez nous, les anniversaires, ces détrousseurs de jeunesse, étaient bannis. « C'est quoi, l'âge ? » répétait papa. « Nos vieux jours ? Il n'y aura pas de vieux jours. La guerre réglera tout cela d'une manière radicale. Nous allons tous mourir. »

Mon père a vécu jusqu'à quatre-vingt-six ans, ma mère jusqu'à quatre-vingt-deux. Ils ont continué, aussi bien en Autriche qu'en France, à lire, se disputer, et plus les événements qu'ils vivaient semblaient incroyables, comparés à leur existence de jadis, plus ils s'attachaient à des détails insignifiants. Papa était dépassé dans toutes ses prévisions. Pourtant, il reconnaissait que ce qui nous arrivait m'atteignait, moi, un peu « trop tôt ».

Paumée de littérature, grisée par l'ambition d'échapper à notre existence et de m'installer dans une vie rêvée sur mesure, je déambulais, désorientée, cherchant à comprendre l'origine des hostilités qui ceignaient la Hongrie. Derrière la masse grise et chantante des soldats allemands, je voulais apercevoir l'ombre de Thomas Mann et je répétais les strophes apprises par cœur du *Zaubermeister* de Goethe. Chez nous, on parlait plus de Musil et de ses œuvres que de Hitler et de son armée. La situation catastrophique de la Hongrie ne facilitait guère les conditions de survie, mais je prêtais le moins possible l'oreille à l'actualité, par définition toujours brûlante. Moi, j'attendais Raskolnikov et je voulais savoir si mon destin serait lié à ceux qui considéraient que nous vivions la fin d'un monde, ou bien à ceux qui allaient en rebâtir un autre, flambant neuf.

J'ai été une enfant aux yeux secs pendant cette longue période où j'ai cru mon père et ma mère immortels. Je les aimais d'un amour lucide, farouche et tendre. Vingt ans plus tard, j'ai vécu leur mort dans un immense hurlement intérieur. Il m'a été difficile de m'habituer à leur absence. J'ai fini par oublier qu'ils n'étaient plus.

Lorsque j'ai perdu mon mari, je n'ai plus vécu que par mes enfants. Tout au long de sa maladie, nous étions parvenus à lui sourire. Qu'est-ce qu'on peut être gai devant un condamné à mort à qui l'on veut faire croire à la vie ! Comme nous jouions bien, Anne, Pierre, François et moi... Puis, quand nous quittions sa chambre, nous nous transformions en niagaras de chagrin. Insortables, immontrables, souffrant à en crever.

A Budapest, j'ignorais encore ce lot de bonheurs et de malheurs dont mon avenir serait chargé. J'en étais à errer dans un cimetière de livres, comme en quête de blessés à ranimer. *Oblomov*, de Gontcharov, gisait à mes pieds. Je vouais une tendre admiration à Oblomov, j'acceptais sa paresse feinte comme une philosophie sublime. Oblomov et la recherche de la mère perdue, Oblomov et la panique de vivre, la victoire de l'inactivité sur un monde d'adultes hostile à l'homme-enfant... Je ne pouvais décidément pas l'abandonner sur un tas de gravats ! Puis je m'emparai d'un dernier volume à emporter, un recueil de Pirandello. Trop attentive ou impatiente, j'ai nourri plus tard des sentiments mitigés à l'égard de la littérature italienne. Pays de génies et de voleurs de cœurs, de fausses monnaies et de valeurs éternelles, l'Italie a donné au monde, avec Pirandello, le meilleur de la création théâtrale. Il y a quelques années encore, la pluie tombait dans sa maison natale, on cherchait des fonds pour colmater les trous, en faire un musée...

Transportée d'émotion, je viens de retrouver *Les Possédés.* Dostoïevski, mon maître, me poursuit de ses assiduités. Mais est-ce que j'ai bien *Les*

Frères Karamazov ? Qu'est-ce que j'ai fait de *L'Idiot* ? Si je ne les ai pas maintenant avec moi, peut-être ne les retrouverai-je plus jamais ? Tout le pays est devenu un taudis, les rats ont envahi la ville; bouffis, moustachus, suralimentés d'ordures, ils rôdent, touristes vicieux, dans la capitale transformée en immense poubelle. Il faut que je trouve un lieu sûr pour mes livres, que je les cache, les chérisse, les élève. Oui, les élever au sens propre du mot, à une certaine hauteur, hors d'atteinte.

Ce n'est plus seulement le bruit saccadé de mon cœur qui m'inquiète, mais aussi celui d'un pas. Quelqu'un marche dans l'entrée. Il y a deux mois, les bottes allemandes martelaient la chaussée; depuis quelques jours, ce sont les bottes russes qui foulent nos gravats. Quelqu'un a dû entrer dans l'appartement. Consciente de ma vulnérabilité à cet étage coupé du monde, je ramasse encore en hâte, comme une voleuse devant un coffre-fort éventré, *Le Lys rouge* d'Anatole France. Je glisse le livre dans mon balluchon et écoute à nouveau le bruit de pas. Je me penche pour tenter, par un trou, d'avoir vue sur le hall. J'aperçois un soldat russe. C'est drôle, je n'ai pas peur.

Mi-ENFANT mi-adulte, mi-garçon mi-fille, corps androgyne aux cheveux courts, le mot « viol », si souvent entendu pendant le siège de Budapest, n'était applicable à mes yeux qu'à des créatures sublimes, ce genre de femmes qui avaient vraiment l'air de femmes, modèles de Renoir qui se déplaçaient dans la vie des hommes en affichant des rondeurs harmonieuses, leurs seins lourds, leurs cheveux tombant de voluptueux chignons défaits. Le viol, acte atroce et mystérieux, était susceptible de s'accomplir dans des champs de blés, des granges à l'odeur entêtante, au pied des meules en lisière des champs moissonnés. Mais, en tout cas, pas dans un appartement démantibulé, sur une fille qui ressemblait plutôt à un garçonnet malingre. J'étais désorientée et rassurée par mon absence de peur.

Le jeune soldat portait un uniforme rétréci. J'étais plus préoccupée par les commentaires de mes parents, les soucis qu'ils devaient commencer à se faire, que par cette soudaine rencontre. Je résolus de me manifester, je ne pouvais rester plus longtemps dans ma chambre. Je sortis donc. Lui aussi avait dû entendre du bruit. A ma vue, il parut soulagé. Il aurait pu craindre une mauvaise surprise et se retrouver nez à nez avec un soldat allemand. Nous nous regardâmes comme deux jeunes fauves coincés sous le même filet.

« Bonjour. Aidez-moi, s'il vous plaît. » Ma phrase portait collerette et petits gants blancs. Ah! comme j'aurais adoré en pareil moment, être Anna Karénine! La taille serrée dans un corsage superbe, les jambes cachées sous l'abat-jour d'une jupe à volants de velours, une main dans un manchon, l'autre tendue pour que des lèvres galantes viennent l'effleurer, une toque en renard me protégeant du froid et ajoutant une touche sauvage à ma beauté sophistiquée. Mes lèvres auraient tremblé à cause de quelque chagrin d'amour, locataire sans bail de mon cœur...

Au milieu des ruines, face à ce jeune soldat que j'avais aussitôt baptisé Raskolnikov, j'aurais souhaité pleurer d'amour et j'avais honte de ne ressentir aucune peur. Je me souviendrai toujours de ce moment d'émotion romantico-littéraire où je sentis soudain un pou — oui, un pou! — traverser en se dandinant toute la largeur de mon dos. Ce pou flânait à petits pas. Il n'était nullement pressé. Je me raidis de dégoût. Anna Karénine ne se serait jamais grattée. Les yeux du soldat, son regard gris et indifférent comme la guerre, se posa sur moi. Ç'aurait été fantastique de pouvoir se comprendre, s'asseoir, discuter, crier notre jeune refus de tout ce gâchis passé et à venir... Il devait souffrir dans cette ville étrangère. Nous esquissâmes un minuscule sourire. Je lui expliquai en hongrois que j'avais des livres à transporter. Sans comprendre un mot, il hocha la tête, ponctuant mes paroles.

Notre attention fut attirée par un sinistre grincement. Le lustre se détachait lentement du plafond. Cette somptueuse verrue, enchevêtrement de bronze et de cristaux, mourait elle aussi.

« Comme tu es beau », dit Agnès à un lustre dans *L'Apollon de Bellac,* et il s'illumine soudain. J'aurais eu beau prononcer n'importe quelle formule magique, la fissure du plafond n'en aurait pas moins continué son travail de sape. D'instinct, nous nous écartâmes de l'endroit menacé. Etre tués sous le poids d'un lustre en 1945, à Budapest, aurait été aussi inesthétique que ridicule.

Son visage tourmenté, son épuisement visible prêtaient au soldat un air de vieillesse passagère. Extraterrestres rencontrés au hasard de la collision de deux planètes, nous chevauchions, comme le baron Münchausen, les éclats d'un monde brisé. Le soldat chercha dans sa musette, en sortit une petite masse noiraude, me la tendit et dit *kleba,* « pain ». Il existe des moments où une marque inattendue de bonté vous éprouve davantage qu'une malveillance. Nous nous attardâmes dans une immobilité bienfaisante. Je commençai à mâchonner le pain. Nous n'étions plus pressés. Puis je lui fis signe de me suivre dans ma chambre.

Son regard parcourut les lieux. Les soldats sont les touristes de l'atroce. Je lui fis comprendre qu'il fallait m'aider à porter le balluchon. Son visage s'éclaira. Un peu moins malheureux, moins affamé, moins saturé d'images d'horreur, il aurait souri. Devenu volubile, il se mit à diminuer ma provision de livres. Je défendis chaque volume. Il m'écartait. Jeu absurde, mais au lieu de les déverser par terre, il les manipulait délicatement, les plaçant les uns sur les autres, en pile. D'où tenait-il cette douceur bénie, ce respect pour l'imprimé ? Avait-il été instituteur dans son pays ? Etait-ce un jeune archiviste, un étudiant, ou bien un travailleur manuel habitué aux objets délicats ?

Je lui dis : « C'est votre propre littérature qui pèse si lourd. » Il se moquait bien de mes discours. Je lui lançai : « Raskolnikov ! » Cela ne lui fit pas l'ombre d'un effet.

Nous sortîmes de l'appartement. La rampe de l'escalier était endommagée. Çà et là, nous n'empoignions que du vide. Au bas de l'escalier, à côté d'un cadavre — vieille connaissance, il était là depuis deux jours —, mes parents m'attendaient. Ils me firent des signes désespérés dès qu'ils m'aperçurent. Leur soumission à la fatalité, leur abnégation toute neuve les avaient vieillis. La présence du soldat auprès de moi les paniqua. Ils me demandèrent : « Qu'est-ce qui se passe ? Qu'est-ce que tu fais là ? » « Il m'aide. Tout va bien. » Le visage de mes parents refléta l'incertitude. Ils se tenaient très droits, la tête anxieusement levée pour mieux me voir.

Encore redoutables il y a quelques mois, détenteurs du pouvoir absolu, ils s'étaient mués en ombres. Moins ils avaient d'autorité sur moi, plus j'avais envie de leur offrir mon cœur.

Qu'était à présent devenu mon père, amateur de bains turcs et de l'esprit de Suétone ? Qu'était devenue la demeure toute blanche qui régnait sur des hectares à perte de vue ? Mon père, l'esprit dominé par la politique et la littérature, ne s'intéressait guère aux saisons. Il y a quelques siècles ou quelques mois, j'étais entrée dans son bureau, qui servait aussi de bibliothèque à notre gentilhommière. La tête légèrement penchée à droite, absorbé dans l'écriture, le visage devenu flou à cause des vagues bleues de la fumée du cigare, il se tenait incliné sur une feuille à demi remplie d'une écriture irréprochable. Je l'observai avec tendresse. Cet homme d'esprit et de grande culture m'intimidait. Il leva la tête, me regarda. Je sentais qu'il me fallait dire quelque chose d'important. Je prononçai : « Papa, c'est le printemps dehors. »

Il devait être au milieu d'une phrase. « Ah! bon, répondit-il, dis-lui d'attendre. » A ce moment-là, j'eus envie de pleurer tant la distance entre nous était incommensurable.

A la suite du siège, l'homme intouchable était devenu un homme comme les autres, profondément offusqué du fait que les bouleversements et catastrophes qu'il avait annoncés et auxquels il n'avait, je pense, jamais vraiment cru, devenaient réalité.

J'aperçus également ma mère. Avant que son monde ne se brise, elle était lisse, sa peau toute veloutée. Elle n'aimait vraiment que la musique à cette époque où je subissais la greffe des mots. Elle recevait d'une manière remarquable, dominant sa maison, ses employés autant qu'elle-même. Avec encore un peu plus de volonté, elle aurait su retenir les rênes de l'Histoire, les chevaux fous de la guerre, ne fût-ce que pour garder l'intégralité de son confort. Mais là, à côté du cadavre, elle m'attendait, dépossédée de tout, et mon regard attendri lui conférait une autre beauté.

« Qu'est-ce que c'est ? Qu'est-ce que tu traînes ? Et ce soldat russe près de toi ? » demanda-t-elle. Le ton de remontrance dans sa voix avait pris un sacré coup de vieux. « Il m'aide à porter mes livres... »

Mon père plissa les yeux, signe d'angoisse. « Je devrais monter aussi, j'ai des documents à prendre... »

« Si vous pouviez penser à autre chose qu'à vos papiers ! » nous lança ma mère.

Le soldat venait de déposer le balluchon à côté du cadavre bouffi. Paisiblement, il attendait, semblant avoir trouvé près de nous un port d'attache.

« J'ai un pou dans le dos », ai-je dit. « Deux même. »

Papa eut un regard de profond dégoût en enregistrant le mot « pou ». Il avait laissé pousser sa barbe. Elle valait bien mes poux.

Le soldat nous considérait, il s'installait dans un présent bizarre, sans repères. « Il aurait pu te faire mal », hasarda maman. Je haussai les épaules. Les poux durent en perdre l'équilibre.

Il fallait soulever la masse gonflée de Dostoïevski, de Lermontov, soulever Anna Karénine, femme si fragile pesant ici un âne mort. Comment transporter *Crime et Châtiment ?* et cette *Madame Bovary* glissée parmi mes Russes, hissée pour l'éternité sur le piédestal des chefs-d'œuvre ? Je l'avais d'abord lue en hongrois, puis plus tard en français. J'avais appris certains passages par cœur. *Madame Bovary* était devenu mon bréviaire. J'aimais à la folie ses faiblesses qui me permettraient de me montrer un jour aussi faible, à mon tour. Elle était d'ailleurs pour quelque chose dans ma méfiance à l'égard du mariage. Et Verlaine disparaissait presque à côté de certaines descriptions de Flaubert, de vrais poèmes en prose :

« Les étoiles brillaient à travers les branches du jasmin sans feuilles. Ils entendaient derrière eux la rivière qui coulait, et de temps à autre, sur la berge, le claquement des roseaux secs. Des massifs d'ombre, çà et là, se bombaient dans l'obscurité, et parfois, frissonnant tous d'un seul mouvement, ils se dressaient et se penchaient comme d'immenses vagues noires qui se fussent avancées pour les recouvrir. »

Comment aurais-je pu imaginer que, quinze ans plus tard, un Français qui était la culture même, esprit et cœur chevillés l'un à l'autre, m'offrirait — l'ayant cherché pendant de longues années —, une édition originale de *Madame Bovary* parue en 1857 dans la collection Michel Lévy et dédicacée ainsi par Flaubert à l'un de ses anciens professeurs : « A mon ami M. Dainez : mon ancien professeur de mathématiques, le plus dévoué et le plus âne de ses élèves, Gustave Flaubert » ?

Claude aurait aimé me voir écrire un livre sur mon enfance hongroise. Je lui répondais souvent : « Ma vraie vie tient dans l'invention. Je ne m'intéresse pas assez à moi-même. Quelle importance, ce " moi ", à côté de la naissance d'une histoire inventée de toutes pièces et que je m'offre de vivre ? » Ma seule consolation, aujourd'hui, est de sentir son regard sur moi et de l'entendre dire : « Tu vois, mon amour, tu l'écris ton enfance. Mais épargne-toi. Ne te fatigue pas trop. Je t'aime. »

Ces retours en arrière, descentes en enfer et impromptus « en paradis », m'épuisent. Il me faut être présente partout. Les oiseaux de la terrasse de Martigny me réclament, ils n'ont pas eu leur ration de graines aujourd'hui. Mais le jeune soldat russe est là lui aussi. Il attend. Retour donc à Budapest. Le décor est planté. Fissuré, mais il est là.

Le soldat découvrit sous la cage d'escalier un landau grisâtre, couvert de poussière de plâtre. Il lui manquait une roue. Après de brèves recherches, il la retrouva, sourit, tout heureux avec cette roue qu'il s'employa à rattacher à l'aide d'un fil de fer. Il souleva le balluchon et le déposa dans l'étrange carrosse. Les livres abrités devenaient le symbole d'une maison, d'une patrie, d'un avenir encore chargé d'espérance.

« En route », dit mon père. Ces mots, presque un ordre, lui allaient mal. Il essayait de s'adapter aux circonstances, d'être l'homme qui commande.

Son âme était de soie naturelle, imprimée de savoir. N'importe quoi pouvait la déchirer. « Si nous partions », répéta-t-il doucement.

Il était peut-être onze heures, un soleil fade inondait la rue. Partout une âcre odeur de décomposition. L'immense chaudron rempli de pourriture qu'était Budapest se mettait à mijoter. Ma panique du printemps est née juste là, à ce moment précis. Le soleil se croyait égaré au-dessus de Miami, sa densité torride fondait sur nous, collant la peau aux vêtements.

« Il faudrait pouvoir se laver quelque part », dit mon père en passant, hébété, sa main droite sur sa barbe. Pendant ce qu'on appelait « la paix », avant que les abcès politiques de l'Europe centrale ne nous couvrent de leur pus, un petit homme rond, poncé de politesse, coiffeur-barbier de son état, venait tous les matins, y compris le dimanche, pour lui « faire » la barbe. Mon père cultivait sa maladresse comme certains leur musculature. Sur une île déserte, il serait mort de faim devant une boîte de conserve qu'il n'aurait pu ou su ouvrir, ou bien, planté sous un cocotier, il aurait été tué par une noix de coco avant de pouvoir étancher sa soif. La maladresse de mon père était tantôt racinienne, tantôt cornélienne : tragique ou tragi-comique. Depuis toujours servi, indifférent aux détails techniques, il affrontait les objets et ustensiles qui se trouvaient dans une cuisine, et l'endroit lui-même, avec une vive appréhension. Je l'ai vu, des années plus tard, réussir à se blesser avec une capsule de bouteille d'eau minérale qu'il avait ôtée, enfin seul, de haute lutte. Ce jour-là, à Budapest, malgré son accoutrement couleur de ruine, sa barbe hirsute et sa bonne volonté, il ressemblait pourtant plus à un diplomate clandestin qu'à un clochard.

Sale, pouilleux, déjà *displaced person* — ainsi

furent « baptisés » plus tard, par les pays occidentaux, les réfugiés venus de l'Est —, son être profond ne changeait pas, ses gestes traduisaient l'aisance innée des nantis. Les joues dévorées de poils, un seau dans une main et une pelle dans l'autre, brandissant ses outils-alibis et ses sarcasmes — « Heureusement que les Russes ne comprennent pas le hongrois », soupirait maman —, papa restait superbe. Il détonnait à nous faire frémir. Dans ce monde où la grisaille sauvait la vie, mon père se promenait comme un défi, le visage illuminé. Maman, elle, boudait ouvertement. Elle avançait, le nez enfoui dans le dernier mouchoir brodé disponible dans cette Europe centrale campée sur un dépotoir. Notre soldat, frêle comme un soldat de plomb, prononça un vrai discours. Nous l'écoutâmes tendus. Lorsqu'on vous parle dans une langue étrangère et qu'il s'agit de votre vie, de votre destin, l'effort d'attention fait presque mal.

Papa fit mine de traduire : « C'est clair, le pauvre homme réclame son roman préféré que vous avez oublié à la maison. Juste celui qu'il voulait lire ce soir ! » Cet humour particulier irritait maman. « Pas d'ironie maintenant ! » lança-t-elle. Malgré l'amour que je lui vouais, je supportais mal le fait que mon père ne fût pas un « homme fort ». Je l'aurais préféré cruel, injuste et autoritaire, plutôt que faible, plié à l'autorité qu'exerçait sur nous ma mère. Papa nous assurait une vie matérielle plutôt ouatée, mais lorsqu'il se sentait harcelé, il se réfugiait ailleurs. Vivant en concubinage constant avec ses livres, il préférait se créer une atmosphère bien à lui et s'absenter dans ses pensées.

Maman se tourna vers le soldat et lui dit d'une voix mi-aimable, mi-agressive : « *Davaj*. » Ce mot faisait partie du langage des militaires qui embarquaient les civils pour les contraindre aux travaux de déblayage. Eberlué, le soldat obéit et sembla accepter la supériorité de ma mère. Mon père hocha la tête et dit : « Ne fût-ce qu'à cause de ce souvenir de Budapest, il ne se mariera jamais. » Pour toute réponse, maman se contenta de hausser les épaules.

Nous avancions dans une rue large, parallèle au quai du Danube. J'avais la sensation que nous faisions déjà partie d'une légende qui se créait autour de nous. Je gardais, dans la doublure de mon manteau sale, les cahiers de mon journal du siège. Le manteau était lourd à porter.

Nous croisâmes une famille : la mère tirait par la main un petit garçon qui pleurait de rage parce qu'on l'empêchait de ramasser une grenade; l'homme poussait une brouette chargée d'un édredon et d'oreilles, surmontés d'une petite table de chevet. Mon père fit une grimace et maugréa : « Eux sauront où se coucher. Mais nous, nous aurons de quoi lire... »

Nous traversâmes une zone de combats de rue. D'un signe de tête, nous saluions vaguement ceux qui nous croisaient. Certains nous considéraient avec pitié, parce que nous étions accompagnés par un soldat russe. Je regardais ma mère vaillante, qui se tenait très droite, et mon père légèrement voûté. Les grands minces semblent, dans les moments de détresse, subir davantage l'attraction terrestre. Mes ambitions de « révolte » s'évaporaient. Mes « malheurs enfantins » avaient cessé d'exister. Je ressentais une sorte d'allégresse, une irrésistible envie d'agir. Il fallait quelque part nous rebâtir une vie. J'avais l'impression d'être la pionnière de nouveaux espaces inconnus. Où allais-je dresser ma tente ? Le landau chargé de livres me prêtait le frêle espoir d'une continuité spirituelle. Je ne cessais de poursuivre mes dialogues avec Dostoïevski, je l'imaginais à Budapest, embarqué dans notre cauchemar, errant dans ce décor en décomposition. Ses idées sur le Bien et le Mal se seraient effondrées ici, la vieille théorie selon laquelle Dieu éprouve ceux qu'il aime aurait été tournée en dérision dans cette ville trop aimée des cieux...

J'expérimentais mes facultés d'adaptation. Je savais que partout, n'importe où, j'écrirais. J'étais pour l'heure en quête de fraternité. J'aurais voulu m'intégrer à une communauté, connaître la solidarité, ne plus me sentir marginale à cause de mes origines familiales. J'éprouvais une tendre sympathie à l'égard des révolutionnaires. Le mot même de « révolution » me bouleversait. Depuis l'époque romantique de mes treize ans, je vénérais la « juste cause ». Je portais un amour farouche à tout ce qui était ou me paraissait héroïque. Je me voyais mourir sur une barricade, une rose à la boutonnière. Dans ces élans imaginaires, je brûlais d'un feu patriotique, mais ma patrie était déjà le monde et mon but la liberté. Ecrire en liberté. Ecrire la liberté.

Le jour où nous fûmes obligés de descendre à la cave et de nous y installer, en proie à une de ces crises d'idéalisme aigu, je crus que le monde allait devenir égalitaire. J'eus tôt fait de comprendre mon erreur. Les gens ne voulaient pas forcément être égaux. Dans cette période où chaque minute participait du règlement de comptes entre nouveau et ancien régime, la justice qui devait s'instaurer dépassait de loin les considérations individuelles.

Pour me défendre, lorsque l'absurde situation que nous vivions m'exaspérait au-delà du supportable, j'appliquais le système dostoïevskien : la psychanalyse de soi à travers des personnages inventés. Tout en arpentant cette rue de Budapest, j'inventais une très jeune fille, un bourgeon de fille en train de traverser une ville en ruines. Grâce à elle, je voyais plus clair dans mes propres sentiments. En m'identifiant à elle que j'avais créée, je pouvais établir des rapports d'indépendance avec mes parents, devenus eux-mêmes parents de la jeune fille, donc personnages de fiction. Cette fiction me rassurait puisque j'en tenais désormais les fils.

J'ai failli écrire que je n'aurais jamais supporté le siège de Budapest *si* je n'avais été préparée à cette épreuve par mes lectures. C'est faux : j'aurais évidemment surmonté tout cela, comme tout un chacun, mais peut-être n'aurais-je pas su m'armer du même recul par rapport aux événements. Si j'avais eu trois ou quatre ans de plus, sans doute aurais-je adhéré activement à quelque mouvement antifasciste. Je n'aurais pas végété en marge de l'action des autres. Mais, avec ou sans rose, je n'avais pas l'âge de devenir révolutionnaire. Cette mutation où nous étions plongés, je ne l'ai vécue qu'en remplissant des cahiers d'écolier. Petite révolution à ma mesure.

J'avais peur que le soldat ne nous quitte. Je le voulais défenseur, bouclier, chevalier prenant fait et cause pour nous, comme je l'aurais moi-même fait pour une famille russe.

La population sortait de ses tanières. Nous saluions ces escargots humains véhiculant leurs maisons-refuges. Depuis la création de leur espèce, les escargots ne cessent de sécréter la matière dont est constituée leur coquille. L'escargot me paraissait plus évolué que nous, son anatomie assurait mieux son autonomie. Si l'avenir appartenait à ceux qui pouvaient ainsi subvenir à leurs besoins, l'animal humain que nous étions avait perdu, à cause du confort, la plupart de ses défenses naturelles. Ainsi naît-on maladroit lorsque, depuis des générations et des générations, les serviteurs exécutent les travaux en lieu et place des maîtres. Les cochers, chauffeurs et ceux qu'on appelait « gens de maison » étaient là pour tout faire : plus ils devenaient adroits, donc aptes à survivre, plus ils démobilisaient les aptitudes de ceux qu'ils étaient censés servir. Juste retour.

Ma main me faisait mal. L'écharde me brûlait comme une poignée de braises. Je tendis ma paume au soldat. « Voulez-vous essayer de m'enlever l'écharde ? » Mes parents se confondaient en plaintes, parlaient de désinfection, de la nécessité de voir un médecin. Ils avaient gardé intactes les vieilles notions d'une classe dont les plaies se devaient d'être toujours soignées à coup sûr. Les mains du soldat, ses longs doigts fins, étaient gris, couverts d'une sorte de patine. Il hocha la tête, perplexe. Il parvint à saisir un fragment de l'écharde. Il la tenait, la remuait, un vrai tire-bouchon. J'abandonnai ma main à la douleur. La plaie se mit à saigner. Le sang rouge vif jaillit, agile, et ce monde pétrifié parut revivre par ce saignement. Les cadavres ne saignent plus. Je saignais, donc j'étais bien vivante. « Et si l'artère était touchée ? » dit encore maman, qui revendiquait un petit bagage médical. Je laissai couler le sang le long de mes doigts. Maman ôta son foulard et me banda la main. Nous pouvions nous remettre en marche.

Budapest ressemblait à une moitié de melon pourri. La misère devenait jaune au soleil. J'avais appris par ouï-dire que certains quartiers avaient été épargnés. Ceux qui étaient loin des points stratégiques et des quais du Danube dont les deux rives comptaient parmi les secteurs les plus éprouvés.

Le bras légèrement levé pour tenter d'arrêter l'hémorragie qui faisait rougir mon pansement, j'avançais. La décomposition de Budapest était à l'époque moins effrayante que les effets de cette pollution « pacifique » qui affecte aujourd'hui le monde entier. A Budapest, nous n'étions pas en proie à une quelconque radiation, mais à un écroulement, et celui-ci n'excluait pas l'espoir d'une renaissance. En Hongrie, la fin du monde marquait simultanément les débuts d'un autre.

Nous arrivions enfin sur le quai du Danube. Un tramway jaune gisait en travers de la chaussée. Nous aperçûmes les ponts effondrés au beau milieu du fleuve. Quelques arbres de la promenade, jadis si élégante, avaient été arrachés. Mais ceux qui, par hasard, avaient gardé leurs racines en terre, portaient déjà des bourgeons. Nous planions dans le temps, nous ne savions plus l'heure, et le ciel muet témoignait de la mort des cloches. D'un mouvement de la tête, papa nous désigna un passant, curieuse apparition dans cette immense poubelle qu'était devenu tout notre environnement. Un homme rasé, vêtu d'un manteau propre, venait à notre rencontre. Sa tenue singulière attirait tous les regards. Grâce à cet inconnu trop voyant, je découvris la félicité de n'être qu'une infime partie de la masse. L'homme ne portait ni seau, ni pelle pour justifier un travail illusoire qui l'eût obligé à se déplacer. L'une de ses mains était gantée.

Deux hommes mal rasés surgirent, l'un vêtu d'un pantalon large et d'une chemise militaire, l'autre d'un pantalon trop court. Sans doute voulaient-ils compléter leurs effets civils en s'emparant du manteau du passant imprudent. L'agressé se débattit, sa résistance les agaça, d'un seul coup de poing ils le firent taire. L'homme s'effondra et fut aussitôt dégagé de sa pelure comme une banane. Plus loin, les deux déserteurs commencèrent à se battre. Chacun voulait le manteau. Dans un sourd craquement, celui-ci se déchira. L'un resta avec une manche entre les mains, l'autre partit en courant avec le reste.

Le Russe émit un crachat de principe. Sa salive claire atterrit sur le flanc d'un char basculé. De la cabine à moitié brûlée pendait le bras du conducteur.

J'aurais voulu être ailleurs, quitter cet enfer ne fût-ce que quelques secondes. Mes parents ne m'étaient d'aucun secours. J'aurais aimé revendiquer les mots et gestes qu'ils me devaient, dont j'étais comblée avant, sevrée désormais. J'aurais voulu m'enfermer dans une coquille d'amour, être la petite Indienne emmaillotée sur un dos rassurant, les bras ballants, la tête posée sur l'épaule maternelle. Etre véhiculée par quelqu'un de plus fort. Mes parents hésitaient : fallait-il repartir ou rester là à attendre Dieu sait quel destin ?

Le soldat s'assit sur l'un des bancs qui bordaient jadis la promenade, il tira de sa poche un harmonica qu'il fit glisser sur ses lèvres, comme s'il voulait le réchauffer à leur contact. Il suscita une petite plainte musicale, puis la mélodie se déroula comme un ruban coloré.

Papa s'assit à son tour sur le banc, cherchant du regard, j'en suis sûre, quelque chose à lire. Maman contemplait ses chaussures dévorées par la crasse. Je tournai mon visage vers le soleil. La lutte à entreprendre pour avoir un jour une vie bien à moi semblait sans espoir, l'avenir plus qu'obscur. Le Lycée français où l'on m'avait promis de m'inscrire s'éloignait à la vitesse de la lumière, le collège religieux de Gratz où j'aurais dû aller perfectionner mon allemand n'était peut-être plus qu'un tas de cendres. Tout ce qui m'appartenait en propre – mes livres – tenait dans un landau vacillant. Quant à mes cahiers cachés dans la doublure de mon manteau, il restait à en faire un livre. Mais pourquoi ? Qui le lirait un jour ?

Le destin, pour une fois clément, allait faire naître deux ans plus tard, en 1947, dans l'esprit d'un journaliste français, membre actif de la presse clandestine – fondateur du *Parisien libéré* dont il avait fait distribuer le premier numéro sur les barricades d'un Paris en liesse à la Libération –, un Prix qu'il baptisa « Prix Vérité ». Cette récompense devait couronner et faire découvrir le récit d'un événement vécu, historique et humain. Comment aurais-je pu savoir que mes cahiers d'écolière me guidaient déjà vers lui : Claude Bellanger, que j'allais rencontrer en 1954, le 17 décembre, grâce à ce journal de guerre que j'avais commencé d'écrire exactement dix ans plus tôt dans une cave de Budapest ? Nous avions à peine amorcé cette longue, minutieuse, inéluctable approche l'un de l'autre. Une très jeune fille dans une capitale européenne en ruine et l'un des grands animateurs de la presse française, séparés par des milliers de kilomètres, des années-lumière de distance, mais dont le destin commun s'esquissait déjà. Sans savoir que nous avions déjà scellé le plus important rendez-vous que la vie puisse offrir, nous devions encore, comme dans les contes de fées, vaincre d'innombrables obstacles avant de nous découvrir unis dans un extrême bonheur.

A Budapest, rêvant de bonheur et de paix, je me projetais des images de la campagne, évoquant l'odeur des champs encore verts bousculés par le vent. Toute mon enfance, j'avais pris l'habitude de m'aventurer dans ce monde vivant, à la fois aimable et hostile, comme ces petits animaux que chassait la période des moissons. Ma solitude était alors celle d'une enfant sauvage. Je voulais faire partie intégrante de la nature, j'enviais la vie de Mowgli, adopté par les loups.

Vivant par les mots, je les sortais comme d'une boîte à trésors, les triais selon mes besoins, mes humeurs, mes appétits. Des mots-guérisseurs, des mots-baumes, des mots-pansements, des mots-anti-fièvre, des mots-tranquillisants, des mots-enchanteurs, des mots tout juste superbes me venaient à tout moment en aide. Ici, sur le quai du Danube, la petite musique de notre ami russe réveillait en moi quelques lignes de *Madame Bovary* :

« Tout lui parut enveloppé par une atmosphère noire qui flottait confusément sur l'extérieur des choses, et le chagrin s'engouffrait dans son âme avec des hurlements doux, comme fait le vent d'hiver dans les châteaux abandonnés... »

Mes parents m'appelaient *Cica, Cicuska* : « chat », « petit chat ». D'innombrables variantes leur permettaient de m'appeler chat, chaton, minuscule chat, bébé chat, enfant chat, chaton aimé, chaton gâté, chat unique, chaton appartenant à tout le monde ou à une seule personne... Les qualités et défauts de ce chaton, le degré d'amour qu'on lui portait se définissaient par la terminaison des mots. En hongrois, on conjugue ainsi l'amour, la haine, l'ironie ou la tendresse. Il fallait simplement prononcer *Cicuskánk* et j'étais leur chat à eux, ou bien dire *Cicuskája* et je devenais le chat de quelqu'un d'autre...

Mes parents se levèrent, maman déclara avec raison qu'il ne fallait plus rester là. Le soldat terminait la confection d'une cigarette, il passa sa langue sur le papier fin et alluma le petit rouleau de tabac encore mouillé. J'avais mal à la main. Ce printemps était bien cruel.

J'AI connu un printemps infiniment plus cruel, ce fatal printemps de Paris qui emporta mon mari. Nous luttions ensemble, les trois enfants et moi, pour sa vie. Pendant toute cette guerre contre le cancer, un soleil aussi précoce qu'insistant tambourinait aux fenêtres. Dès les premiers moments où nous nous connûmes, nous n'avions cessé de lutter, mon mari et moi, contre toute obscurité, physique ou morale. Dès que nous nous sommes découverts, nous avons commencé à nous dévoiler, à nous donner. Chacun s'offrait sans réserve à l'autre, nous ne subissions aucune de ces entraves qui auraient pu naître de la différence d'âge ou de pays. Chacun modelait son existence sur les besoins de l'autre. Aucune allusion ténébreuse, pas de ces silences lourds de malentendus, ni de rideaux fermés : nous voulions qu'en tout la lumière fût. Mon mari, toujours en quête de nouveaux horizons, m'apprenait l'univers. Il transformait une part de notre vie en un immense album de géographie dont je parcourais les pages en avion. « Je veux tout te montrer. » Il m'offrait le globe terrestre emballé dans des lettres d'amour.

Ce printemps-là, où une minute après l'autre remplissaient leur office de bourreaux, je lui répétais inlassablement que pour l'été, il serait guéri. M'a-t-il crue ? « Mon amour, quel mal tu te donnes », répétait-il. Devant la porte de cette chambre, dans le couloir, mes enfants et moi avions envie de hurler comme des loups lorsqu'un chasseur vient à blesser le chef de la meute. Mais chaque fois, nous entrions dans la chambre en souriant. Gais, virevoltants, presque bavards pour ne rien dire, nous tentions de tromper l'homme le plus subtil, le plus averti des faits. Nous essayions de lui faire croire l'impossible.

Qu'est-ce que Stalingrad ou Budapest comparés à la mort d'un père ? Il faut avoir plus de courage pour sourire à son père dont les heures sont comptées que pour faire sauter une usine ou une ligne de chemin de fer lorsqu'on est partisan. Les yeux de ma fille, leur bleu incomparable, sont empreints depuis ce printemps-là d'une limpidité qui ajoute de manière inattendue à sa beauté enfantine : connaissance de la douleur...

Quel bonheur d'ignorer l'avenir ! Si j'avais eu, à Budapest, la prémonition qu'un jour je traverserais à Paris cette autre guerre, aurais-je eu le courage de vouloir y venir ? Durant cette attente hongroise nourrie de lectures, partagée entre la langue somptueuse de mon pays natal et le français que j'absorbais avec une religieuse avidité, je ne pensais qu'à cette conquête du monde que j'aspirais à entreprendre à l'aide des mots. Ces mots qui empoisonnent et guérissent, intoxiquent et purifient, ces mots qui rendent hémophiles et pourtant transfusent les idées comme autant de promesses de vie.

Ma famille vivait dans une perpétuelle bourrasque de mots. Mots caressants ou meurtriers, expansifs et orgueilleux, péremptoires et possessifs, ils m'emprisonnaient tout en m'enrichissant, leurs excès bigarraient nos murs, les épithètes dégoulinaient de nos lèvres comme des pêches trop mûres, les superlatifs renchérissaient les uns sur les autres, tout un délire d'expressions surexcitées nous enivrait. L'absence de mesure me projetait tantôt parmi « les plus aimées au monde », tantôt j'étais « la plus belle des belles de toutes les belles que la terre ait jamais portées », mais aussi bien je pouvais me voir transformée en « celle qui ne réussira jamais dans la vie », « celle dont l'avarice en mots tendres montre une profonde et regrettable absence de sentiments à l'égard des siens »... Pingrerie de mots ? Peut-être la greffe française avait-elle trop bien pris sur cette petite fille née à la littérature. Je me faisais une cagnote de mots, un balluchon de mots bien à moi, à utiliser un jour à mon gré. Il me fallait *mes* mots, à *ma* mesure, et plus je désirais écrire, moins je parlais.

Ma gouvernante française, dont le départ avait laissé comme un sillage de parfum derrière un rideau de larmes, m'avait dit : « Tu verras, nous sommes un peuple raisonnable, mais fou aussi. Chacun choisit son moment pour être soit l'un, soit l'autre. » Débordante de vitalité et de sentiments, elle sut me tisser une étroite mais solide passerelle entre la langue française si rangée, organisée, strictement structurée, et le hongrois où je voguais sur des vagues d'expressions plus proches du cap des tempêtes que des calmes plats.

Je me souviendrai toujours des premiers « *pas mal* » de mon mari. Alors que je m'exclamais devant le Fujiyama, lui disait : « En effet, c'est assez remarquable »... Pour faire contrepoids à cette retenue austère, je lui expliquai la luxuriance verbale de mon enfance et l'entraînai dans mon verger de mots mûrs, gorgés de soleil, à grands renforts de « merveilleux », d'« unique », d'« incomparable ». Plus avide que jamais d'absorber une autre manière de penser, je devenais dans le même temps, grâce à lui, une farouche adepte du cartésianisme. Entre la ferveur fiévreuse qui irradiait les siècles en amont de ma naissance et le bon sens mi-lillois, mi-angevin, qui lui avait été transmis de son côté, notre équilibre oscillait entre l'exclamation et le murmure, le fou rire et le sourire. Complémentarité qui s'épanouissait dans un amour dont nous ne cessions d'admirer, émerveillés, la force tranquille, comme si chacun de nous fêtait à chaque seconde l'existence de l'autre. Nous nous saluions d'un « Tu es là ? », et c'était le miracle quotidien. A partir de cette minute où nous nous sommes connus, j'ai greffé, sur sa vie riche de savoir et surchargée de travail, mon soleil d'Europe centrale et une permanente envie de fête. Tout ce qui me concernait le fascinait, tout ce qu'il me disait m'apprenait quelque chose, un rien ou l'essentiel.

Je lui parlais de mes peurs du printemps, de ces sortes de règlements de comptes que finissaient par devenir les derniers mois de l'année scolaire. Au cours de la classique distribution des prix, je me voyais quelquefois récompensée lorsqu'il s'agissait de lecture ou de dissertation. Comble d'ironie, je recevais, en souvenir glorieux de mes exploits, des livres. Mais hormis ces victoires limitées, mes bulletins scolaires étaient navrants. Les professeurs accueillaient mes parents, le visage empreint d'une tristesse feinte, et me déclaraient nulle en mathématiques, encore plus nulle en géométrie, j'étais toujours celle qui « aurait pu faire mieux », « dont les capacités n'étaient pas en cause, mais dont la distraction ruinait tout effort éventuel ». « Elle ne participe pas, elle est absente. » Comme j'aurais voulu être de passage, pressée, courant après un train en marche...

Enfin libérée des doléances des professeurs, je déambulais dans la maison sous une averse de réprimandes et de menaces. Mon avenir, aux yeux de mes parents, semblait ne devoir déboucher que sur le mariage (en blanc), des enfants (nombreux), le piano (omniprésent). Pour satisfaire à leurs exigences, j'aurais dû me transformer en bête à concours, quand je n'étais qu'une bête traquée.

Quel soulagement lorsque nous quittions Budapest pour passer l'été à la campagne! Une vieille automobile de marque française et qui, dans mon souvenir, a gardé d'énormes proportions, happait les bagages sur lesquels le coffre se refermait comme une vieille mâchoire. Mon père s'asseyait à côté du chauffeur. Moi, je me tenais à l'arrière avec maman. Les chiens, expédiés la veille à bord d'une autre voiture, allaient nous accueillir comme des hôtes jappant d'enthousiasme. Je ne comprenais pas pourquoi ils étaient si heureux de nous revoir. Nous n'en méritions pas tant... Nous aurions dû les aimer mieux, leur donner plus de temps, donc de bonheur!

Les jours qui précédaient ces départs, je soustrayais à la bibliothèque les livres dont la lecture m'était officiellement interdite, et les glissais dans ma valise. C'est ainsi, que j' « empruntai » *L'Amant de Lady Chatterley,* vite camouflé entre deux chemises de nuit. Ma gouvernante me l'ayant à son tour volé, nous nous regardions sans pouvoir dire un mot ni nous adresser le moindre reproche. Nous étions aussi fautives l'une que l'autre. A qui se plaindre?

Cette Lady Chatterley dont on parlait comme d'une personne perdue par la passion me fascinaît. Je l'imaginais en sœur cadette du diable, maléfique, chargée de tous les vices possibles et imaginables. Mais c'était .quoi, un vice ? Je ne savais rien là-dessus, si ce n'est que le mot « vice » cohabitait à ravir avec le mot « interdit ». Une fois, pourtant, j'étais parvenue à entrouvrir ce livre, juste le temps d'en happer quelques lignes. A cause d'un bruit de pas, j'avais dû le refermer aussitôt et le remettre à sa place. Mais il m'en restait l'haleine torride de phrases chauffées à blanc : « Une obstination du diable », « une grandissante adoration »... Ces mots m'enivraient, à mon tour je brûlais de vivre, de connaître un jour, moi aussi, une passion qui ne fût pas moins « dévorante »...

Beaucoup plus tard, j'ai relu ce roman à Paris. Ayant alors rencontré mon mari, j'ai d'autant mieux compris un passage que j'avais d'abord rejeté, tant je le considérais comme humiliant, dégradant même pour les femmes réduites au simple rôle de reproductrices :

« ... Si j'avais un enfant! se disait-elle, si je l'avais lui, en moi, comme un enfant! » et ses membres fondaient à cette pensée et elle comprit l'immense différence qu'il y avait entre avoir un enfant pour soi, et avoir un enfant d'un homme qui émeut vos entrailles. Cela semblait ordinaire, en un sens; mais, ceci, avoir un enfant d'un homme qu'on adore dans ses entrailles et dans son ventre, lui donnait le sentiment d'être bien différente du vieux moi, comme si elle sombrait vers le centre le plus profond de la féminité et dans le sommeil de la création... »

J'ai fait mienne cette idée à compter du jour où j'ai su ce qu'était l'amour vrai. Quand j'ai voulu des enfants de l'homme que j'aimais.

Nous arrivions donc chez nous, à la campagne, un peu comme des invités. Je jubilais à la perspective d'être libre pendant quelques semaines. Je m'engouffrais dans les couloirs conduisant aux chambres à coucher. Le clair obscur de l'intérieur luttait avec le soleil dont les rayons pénétraient ici et là comme des tisons. D'ordinaire, à notre arrivée, tous les volets étaient clos. Dans ma chambre zébrée de lumière, je retrouvais mes objets, ma chère solitude. Je me déshabillais aussitôt, mettais un maillot de bain, enfilais des sandales et me précipitais dehors, toutes ailes déployées. Il fallait traverser le parc, puis tourner à gauche et longer une étroite route poussiéreuse qui se faufilait dans le mordoré des blés. A pied ou à vélo, deux kilomètres plus loin, je retrouvais l'eau volubile, si transparente, tourneboulée çà et là par les courants. Je m'y jetais, devenais poisson, mon corps s'allongeait, je me transformais en vagues, en écume, en reflets de soleil, j'aimais l'eau d'amour. Je traversais l'étroite rivière où le courant, assez fort, me déportait d'une centaine de mètres, puis je m'agrippais aux herbes hautes de l'autre rive et remontais sur la berge. J'accédais alors à une sorte de plate-forme, prairie peuplée d'acacias et de cerisiers sauvages. Un jour, j'avais fixé sur ma tête, à l'aide d'un foulard, un petit livre : *Le Bal* d'Irène Nemirovsky. Ayant ainsi passé la rivière, je m'y absorbai sur l'autre rive dans une paix qui n'appartenait qu'à moi seule. J'adorais ce silence seulement troublé par les quintettes des guêpes au dos velu. Je n'avais peur ni de leur piqûre ni d'aucune morsure. La nature offrait autour de moi un tel buffet de corolles humides qu'entre la frêle fille au corps encore mouillé et les plantes épanouies, les insectes me laissaient en paix contempler leurs valses et contrevalses, bacchanales de bourdons et courses virevoltantes d'abeilles victimes d'overdoses de nectar.

J'ai eu presque peur du *Bal* de Nemirovsky, dont l'héroïne s'appelle Antoinette :

« C'est une longue et plate fillette de quatorze ans, avec la figure pâle de cet âge, si réduite de chair qu'elle apparaît, aux yeux des grandes personnes, comme une tache ronde et claire, sans traits, des paupières baissées, cernées, une petite bouche close... Quatorze ans, les seins qui poussent sous la robe étroite d'écolière, et qui blessent et gênent le corps faible, enfantin. »

Pour se venger d'être ignorée, délaissée, Antoinette jette dans le fleuve les cartes d'invitation que ses parents lui ont confiées, au lieu de les mettre à la poste. Le *Bal* n'aura jamais lieu, faute d'invités. J'ai de même oublié le livre au pied d'un acacia, et ne m'en suis re-souvenue que deux jours plus tard. Revenant sur les lieux, je n'ai pas retrouvé le roman. Une grosse pluie nocturne avait dû le transformer en pâte informe, illisible, comme les invitations d'Antoinette au fil de l'eau.

Certains matins, mes pas me conduisaient vers les chevaux. Les écuries étaient assez éloignées de la maison, et je me mettais bientôt à courir, inquiète d'être surprise, dirigée, surveillée. Mais, de si bonne heure, je ne rencontrais que les gens de la terre, ceux qui travaillaient tôt. Je les saluais et entrais dans une caverne d'odeurs de paille humide et de sueur aux relents aigres. Je n'avais pas « mon cheval », je prenais celui qu'on me préparait. Des mains solides me servaient de marchepied et m'aidaient à me retrouver en selle. Un désir infini de non-retour s'emparait alors de moi.

M'élancer dans un galop frénétique et, au bout de la course, me retrouver en pays étranger ! Traverser toutes ces périodes d'attente de la vie, ces moments de stagnation, avancer vers ce portail blanc irradiant de nouveauté, pousser cette porte en nacre donnant sur un monde clément, m'éloigner le plus possible de notre grande maison, continuer sur ce chemin qui se déroulait à perte de vue devant moi, naître avec l'aube, grandir avec le matin, devenir adulte sur le coup de midi, me retrouver dans l'âme d'un bien-aimé au creux de l'après-midi, aimer et être aimée, voir mes cheveux blanchir au crépuscule, accepter sereinement l'âge où le destin chuchote : « C'est fini », entendre comme dernière phrase un « Je t'aime », m'assoupir, mourir en dormant, sans rêve.

Que de montagnes et de forêts traversées ainsi, que d'obstacles vaincus, que de nuages gonflés d'ombres et de lumières, pour me retrouver soudain au bord de la rivière familière où le cheval, attaché au tronc d'un arbre, se mettrait à brouter quelques feuilles, perdant aussitôt tout son mystère.

Parfois, lors de ces randonnées, je rencontrais un jeune homme, fils unique d'une famille voisine. Il venait directement par l'autre rive, il n'avait pas la rivière à traverser. Je ne l'apercevais qu'au moment d'arriver à sa hauteur, tant les herbes hautes où il était couché le camouflaient. Il regardait le ciel en mâchonnant des tiges de graminées. Il me considérait comme une gosse à peine sortie de son monde de poupées. Je m'asseyais près de lui, nous échangions des bribes de phrases. « Pourquoi lis-tu toujours ? » me dit-il un jour, et je lui répondis : « Pourquoi es-tu toujours triste ? »

Il me semblait toujours lointain. « Quel âge as-tu ? » lui demandai-je. « Vingt-trois ans », fit-il, et cela me sembla énorme. Evidemment, il ne pouvait savoir que, malgré les apparences, j'avais toute l'aptitude au chagrin d'une duchesse de Langeais, que je pouvais lancer des « adieux » aussi déchirants, sur un quai de gare brumeux, qu'une Anna Karénine. Il ne me reconnaissait aucune personnalité, ni réelle, ni empruntée, et son regard passait bien au-dessus des Natacha, des Emma et des Sonia dont la nostalgie m'habillait l'âme.

Pour ma part, ce jeune homme, je le trouvais au demeurant trop blond, trop blanc, trop fébrile. « Pourquoi ne bronzes-tu pas ? » lui demandai-je. « Ma peau ne prend pas le soleil. » J'éprouvais aussitôt à son endroit un sentiment de profonde pitié : il existait donc des gens ainsi frustrés par la nature. « Et tu ne peux rien y faire ? » « Non, nous ne nous aimons pas, le soleil et moi. » « Alors, pourquoi t'exposer ainsi et venir te coucher dans l'herbe ? » Il s'accouda, me regarda. Je le dérangeais visiblement, mais il était poli. « Parce que c'est l'été », dit-il.

« Ne trouves-tu pas que l'herbe a un goût amer ? » « Si », répondit-il encore, « mais tes questions aussi. Il ne faut pas me déranger, je réfléchis ». « C'est mon coin », rétorquai-je, presque en larmes. « C'est le coin de tout le monde. Lis, puisque tu ne sais que lire. »

Je me retirai, blessée dans mon amour-propre, et m'allongeai dans mon herbe à moi, m'offrant à mon soleil, grignotant quelques cerises aigrelettes, celles de mes arbustes sauvages.

Je décidai que cet endroit était une savane, retentissant des rythmes d'un tam-tam en écho aux battements de mon cœur. Ma petite rivière, je la transformai en ce fleuve Sénégal dont j'avais lu la légende. Ma peau était de cuivre, mes cheveux avaient l'éclat du platine. J'étais parfois Stanley, parfois Livingstone, mais l'histoire de ces deux personnages ne me servait que de piste avant de m'enfoncer dans des selves hospitalières à moi seule. Les Africains sont aimés du soleil : d'où leur couleur, pensais-je, et je m'exposais de plus en plus aux rayons pour devenir, l'espace d'un été, aussi cuite qu'une Congolaise. Je m'étais inventé un sage, quelque marabout dont j'étais l'enfant, ou la sœur, parfois l'épouse pubère. Il n'avait que moi et nous vivions dans une cabane en bois près du fleuve. De ma fenêtre, j'apercevais l'éclat métallique de gros poissons brillants qui bondissaient hors de l'eau pour s'y replonger dans un frétillement voluptueux. L'homme vénérable chantait parfois dans une langue inconnue tout en réparant ses filets, il devait être pêcheur aussi. Nous avions une barque légèrement fissurée, l'eau y pénétrait mais pas trop. Je descendais le fleuve avec mon protecteur au regard doux. Je me trouvais toujours le teint trop clair à côté de lui et c'est à cause de cette présence imaginaire que j'ai éprouvé vraiment ma première peur du temps qui passe, du temps à dévorer la vie. Mon compagnon africain commençait à avoir les cheveux grisonnants, puis franchement blancs. Je supportais déjà mal la métamorphose des arbres en automne, comment aurais-je pu accepter que mon compagnon vieillisse, risquer de le perdre un jour ? Mais l'été prenait fin et je le retrouvais l'année d'après, jeune à nouveau, et tout pouvait recommencer. A côté de mon Africain, homme des siècles passés et des siècles à venir, le fils de nos voisins semblait décidément bien pâle. Et pas gentil avec ça. Aussi capricieux qu'un instrument qui n'émet jamais la note de musique attendue.

Je revenais rêveuse de mes promenades. Le soleil s'était chargé de me sécher, je reprenais ma monture. Mon cheval aurait pu s'appeler Icare. A peine effleurais-je ses flancs de mes talons nus qu'il s'élançait, en quête d'apesanteur.

Un jour de la mi-été, alors que mon Africain commençait à grisonner sérieusement, je n'ai plus revu le jeune homme triste et pâle. J'ai entendu dire, lors d'un repas familial, qu'il s'était suicidé. J'en fus si choquée que je me blessai la lèvre inférieure avec ma fourchette. Le mot hongrois correspondant à « se suicider » est d'une extrême cruauté. La traduction littérale en est : « devenir l'assassin de soi-même ». On imagine d'emblée quelque dédoublement du personnage : l'un qui lève une hache ou un couteau et décapite ou poignarde l'autre. La lutte entre un homme et son ombre...

J'ai vaguement compris que ce jeune homme peu amène s'était tué à la suite d'un chagrin d'amour. Ce monstre hautain, qui ne cessait de mâchonner son brin d'herbe amère, pouvait donc aimer à en mourir ? Je n'ai plus pu retourner de cette saison dans mon Afrique, de peur d'y apercevoir le garçon blond et mince en deux exemplaires, l'un poursuivant l'autre.

Parmi les ruines de Budapest, tout ce béton effondré, comme elles paraissaient loin, les petites maisons blanches aux flancs enflammés d'azalées, aux façades fleuries de jasmins ! Loin mon fleuve Sénégal, mon paradis !

« Eh oui, dit mon père, la ville s'écroule et *chaton* rêve... »

Comme ils me connaissaient mal ! Nous repartîmes en nous traînant, les jambes lourdes et l'âme pesante. Bientôt on allait descendre sur le quai du Danube et tenter de nous faire accepter sur le bac. Une jeep renversée nous barrait le chemin, il fallut contourner cette ferraille tordue. Un être livide, le visage collé au tableau de bord, le bas du corps englouti dans le châssis disloqué, occupait l'épave, homme devenu sphinx. Epouvantable époque qui en venait à fondre la chair humaine au métal encore fumant.

Je nous voyais, mes parents et moi, comme on regarde une photo, de manière distraite. Je me sentais vivre à distance de tout ce qui nous advenait. Mon père, dépassé par les événements, aurait lui aussi aimé « s'absenter », se sauver loin d'ici, il n'aurait pas demandé mieux que de s'abstraire des heures que nous vivions.

Jadis, ses insomnies nous valaient des matins moroses. Mettant à profit ses nuits blanches, il ne cessait de lire pour remplir les heures où le sommeil le désertait. Le réveil actif des autres le mettait hors de lui. Aussitôt après la visite du barbier, papa prenait une douche et partait pour le bain turc où son masseur l'attendait. Frais, grand et lisse, il prenait alors son petit déjeuner dans un café élégant, entouré de journaux déployés sur des cadres de bois. Des garçons gavés de pourboires, obséquieux et prévenants, le soignaient comme on entoure un convalescent, un rescapé de la nuit. D'une humeur moins massacrante à déjeuner, il se montrait brillant en fin d'après-midi, pétillant d'esprit, débordant d'amour pour sa petite fille qu'il paraissait redécouvrir.

J'ai toujours eu l'impression de n'avoir pas été une enfant voulue. Plutôt une enfant-surprise... Mes deux grands frères avaient chacun une personnalité qui aurait amplement suffi à combler l'attente de mes parents, alors qu'ils me regardaient souvent avec étonnement, moi, « la petite » comme s'ils avaient soudain la révélation de mon existence. Parfois adorée, parfois oubliée, gâtée à l'extrême, réprimandée sans cesse, j'étais le banc d'essai de toutes sortes d'autorités qui s'exerçaient à mes dépens. J'attendais avec amertume que « l'enfance se passe ». Un jour, j'ai inscrit sur le miroir de maman la fameuse phrase de Jules Renard : « Tout le monde n'a pas la chance d'être orphelin. »

« Avec mon rouge à lèvres ! Elle aurait pu choisir autre chose que mon rouge à lèvres ! » Telle avait été la réaction de maman. Mes révoltes tombaient toujours à plat.

Des fourmis humaines, dos et bras chargés de paquets, attendaient la permission des soldats russes pour monter sur le bac. Le Danube est un fleuve très large, violent, parcouru de courants adverses. Les soldats qui manœuvraient le bac nous auraient déjà refoulés, tant ils nous trouvaient ridicules avec notre landau rempli de livres, mais notre ami, le soldat de la Providence, était intervenu. Une longue conversation en russe s'était engagée. Inertes et angoissés, nous attendions qu'il fût décidé de notre sort.

« Il faut tenir. C'est tout simple. C'est la guerre... » Ces phrases écrites au même moment à Paris faisaient écho à notre situation à Budapest.

Le texte dont sont extraites ces phrases a été publié dans *Les Chroniques clandestines,* signées Mauges, nom de résistant de mon mari, aux Editions de Minuit. Pendant six mois, on l'avait gardé au secret, prisonnier politique. A l'heure où la Hongrie était envahie, lui était interrogé et enfermé dans une cellule de Fresnes par les Allemands.

Quelques mois avant que nous ne quittions notre cave, lui traversait Paris à vélo pour porter des clichés à une imprimerie clandestine d'où sortirait son futur journal. Ce frêle jeune homme, tenace et courageux, accomplissait sa part du travail qui devait nous réunir.

Nous vivions ensemble depuis assez longtemps lorsqu'il me montra des pages qu'il avait écrites à sa sortie de Fresnes. A les relire, elles s'imposent comme une part indissociable de ma propre mémoire. Comme si, à mon tour, je m'étais tenue derrière toi, Claude, quand tu les écrivis :

Mon cœur bat plus fort. Je l'entends qui frappe

à coups pressés, irréguliers. La poitrine entière me fait mal. Je la comprime de mes deux mains. Silence. Tous autres bruits se sont éteints. Il ne reste plus que ce battement sourd, précipité, cette horloge intérieure, déréglée.

N'y a-t-il pas d'autre présence que moi-même ? Pourtant !... Je songe à ces premiers moments, à mes impressions d'arrivée. Je découvrais « la condition d'un homme dans sa cellule ». Tout mon être était encore au-dehors. Comme si la porte allait s'ouvrir... Il y avait le ciel aperçu par l'imposte, au-dessus des toits : dix centimètres de bleu au-delà de la rampe qui surmontait le chemin de ronde, en face. Mes compagnons et moi, d'autres encore, nouveaux venus aussi, nous avions été séparés. Je me sentais alors dépouillé, nu, plongé dans un autre monde. Il n'y avait plus qu'à écouter, à scruter les moindres échos qui pouvaient parvenir jusqu'ici, de l'extérieur. L'univers ne s'exprimait plus que par eux... Le premier soir. La première nuit, où je retrouvai des habitudes de guerre. Et depuis, le sommeil qui me fuit. Mes pensées qui vont et viennent, se bousculent, rapides, alourdies, semblables à ces nuages qu'apporte l'orage, gonflés de nuées pesantes, noirs et tumultueux. Et le manque d'air. La faim. La cœur qui, par accès, m'oppresse.

Cloc! Le judas vient de se refermer. Je n'avais rien entendu. Maintenant, des pas feutrés s'éloignent. C'était la sentinelle. Quelle heure est-il? Je m'essaie à le savoir d'après la position du soleil. J'y arrive à peu près. Mettons : cinq heures et demie. Jusqu'au matin, rien ne viendra plus vers moi, si ce n'est, indifférente, mécanique, la sentinelle encore qui, la nuit, allume chaque fois quelques instants. Rien n'interrompra ce long rêve qui me poursuit, éveillé, par lequel généralement *je m'évade, mais qui, si souvent, chape de plomb, m'accable...*

Tu as marqué chaque jour d'un trait sur le mur. Une croix te rappelle ce matin où tu fus appelé pour l'interrogatoire. Tu frissonnes à ce souvenir. Quelles menaces! Il fallait tenir tête. Comme ils savaient bien torturer et meurtrir, et tout faire craindre, ces deux hommes au visage fermé qui voulaient te forcer à avouer, qui n'avaient que la mort à la bouche. Tu n'as rien voulu dire. Ils enrageaient tout en feuilletant nerveusement leurs dossiers. Mais tu jouerais le jeu jusqu'au bout. Tu es prêt pour de nouvelles séances. Tu as chassé de ton esprit tout ce qui évoquait ces « terres inconnues » où il ne faut pas qu'ils abordent. Tu t'es composé, pièce à pièce, un personnage insoupçonnable, irréprochable. Et tu n'es plus, tu ne veux plus être que celui-là. Tu n'oublies pas André qui dirigeait son délire, après ses blessures, pour ne rien trahir. Tout est refoulé plus loin même que ta conscience obscure. Ta volonté s'y applique farouchement. Tu es sûr d'elle, et de toi.

Allons! Je vais marcher un peu. De la fenêtre à la porte, il y a huit pas; quelquefois, en biais, neuf... De temps en temps, je glisse un coup d'œil par un carreau qui, moins dépoli que les autres, permet d'apercevoir des ombres, au-delà : un peu de vert, le gris du bâtiment voisin, le rouge des toits, le ciel... Une fente à la porte découvre un horizon moins vaste, mais plus précis : de l'autre côté du hall, ce sont des portes identiques à la mienne; j'en vois six, trois à mon étage, deux au balcon inférieur, une autre plus bas encore. Derrière chacune, un sort semblable au mien. Que de drames en ces lieux peuplés de souffrances! Combien de pensées solitaires et de passions repliées sur elles-mêmes, de destins noués! La vie continue cependant. Mais chacun a-t-il un être à aimer et dont l'amour aille vers lui?

Dans la voiture cellulaire, on peut voir aussi par les fentes des volets quand on a la chance d'être assez proche de l'arrière. Les rues sont animées. Des gens passent, lèvent les yeux et continuent leur route. On pourrait croire alors qu'on est seul, bien seul, si l'on ne savait...
Ce matin-là, toujours, restera présent en toi. Vous étiez nombreux; tous les boxes remplis, trois femmes montèrent encore, avec le gardien. Tu fixais leurs traits. Des conversations brèves s'échangeaient à voix basse. La voiture fut longue à se mettre en marche. Quel inconnu vous attendait? Tu observais. Tu écoutais. Une des femmes, blonde, échevelée, s'agitait beaucoup, beaucoup trop. Elle interrogeait de l'un à l'autre, à travers la porte : « Et vous, qu'avez-vous fait? » Les réponses étaient souvent évasives.
Mais les respirations s'arrêtaient; on sentait que tous collaient l'oreille à la tôle quand l'un donnait des nouvelles de la guerre; quelqu'un demandait des détails et ajoutait :
« Depuis quand êtes-vous là? »
Ceux qui étaient impliqués dans une « affaire » importante étaient interrogés en effet très peu de temps après l'arrestation, tandis que la plupart attendaient longtemps. Ainsi les informations étaient-elles plus récentes. La voix de ceux-là ne tremblait pas. Ils savaient le risque couru, l'acceptaient. Mais on tremblait pour eux.
C'était ton cas.

Pourtant, je ne disais rien. Je ne voulais pas qu'on sût rien de moi. Puis je guettais si un mot enfin tomberait des lèvres d'une femme au calme visage grave, pâli. Son regard restait fixé devant elle, comme absent. Elle était assurément d'origine modeste. Elle était « du peuple ». Il y avait en même temps une grande noblesse dans son attitude entière, une dignité impassible. Son corsage était net; ses cheveux, bien peignés, séparés en bandeaux, des traits légèrement empâtés marquaient son âge. Surtout, je devinais la peine dans ses yeux. Oui, résolument, elle allait là comme au sacrifice. Ce fut sa compagne qui obtint d'elle ces quelques phrases :

« Oh! moi... Je serai condamnée à mort. Je suis communiste. Chaque fois, là-bas, je suis frappée, battue. Cette fois encore, sûrement...

Sa voix s'assourdissait. Après un temps, elle reprit :

« Mais ça ne fait rien. Non. Ça ne fait rien... Même si c'est dur, vous savez... J'y suis prête... »

Puis, comme un trait d'espoir :

« La guerre finira peut-être... avant! »

Le silence se fit pendant le trajet. Quand on fut arrivé dans la cour sombre, encombrée de voitures, il n'y eut plus que ces mots rapides... Un homme très jeune, aux yeux noirs profonds, les mains enserrées dans les menottes, les glissa, presque sans remuer les lèvres, à la femme blonde, devenue soudain toute autre, à l'approche du malheur perdant son assurance :

« Nous sommes Belges tous deux. Nous sommes des compatriotes. Nous sommes des patriotes aussi. Courage! »

Tu as le sentiment d'avoir beaucoup vieilli. Pourquoi? Est-ce parce que t'accompagnent incessamment tant de souvenirs d'autrefois, qui paraissent si lointains, parce que les jours, si proches encore, où tu étais libre, ont l'air de s'être enfuis dans le passé, presque irréels? Est-ce l'appréhension de ce qui peut advenir ? Tu n'es croyant d'aucune confession; tu as pu obtenir cependant un livre religieux. Tu es tant privé de lecture. Ce sont les *Epîtres*. Tu reviens de temps en temps à ce verset de Paul : « J'ai mené le bon combat; j'ai accompli la course; j'ai maintenu la foi. » Tu as combattu pour ta foi, certes. Ce fut un bon combat. Serait-il fini ? Tout en toi se révolte ici. Tu ne sais pas être jamais résigné. Pas davantage aujourd'hui. Avant d'accepter le sacrifice — et tu en as fait déjà —, tu veux épuiser tes dernières ressources. En juin 40, beaucoup sont tombés. Ils avaient une mission à remplir. Ils l'ont accomplie bravement. Il fallait défendre un poste; ils y ont usé toutes leurs cartouches et ils y sont restés. Ce sont des héros. Mais il y a d'autres héroïsmes. Tu n'abandonnes rien non plus. Tu défendras le terrain pied à pied, toi aussi. Et dans les pires heures, l'espoir de vaincre ne te quitte point.

Tu as serré les dents et les poings, sans même t'en apercevoir. Quelle drôle de figure tu devais faire ! Il te revient maintenant un mot de Montaigne qui dit à peu près que si la peau du lion n'y peut suffire, il y faut coudre un lopin de celle du renard. Un sourire monte en toi. Tu aimes mieux cela. Tu te détends...

... Juin 40. C'était, dans un petit village, une étape dans la retraite. Le dernier flot des réfugiés se pressait sur la route. Il faisait si beau durant ces semaines lugubres. Soudain, le vrombissement des moteurs annonça l'attaque. En face de nous, au sommet d'un énorme char à bœufs, une famille, des enfants... Avec un camarade, nous nous sommes précipités à l'aide. Il fallut revenir pour descendre un vieillard impotent qui gémissait, appelait. Déjà les stukas tiraient, se rapprochaient, hurlaient. Un groupe, avec mon cama-

rade, avait pu gagner les jardins. Mais les avions étaient sur nous. A l'entrée du chemin transversal, nous étions couchés à ras de terre. Quand ils furent passés, le toit était transpercé de balles qui rejaillissaient dans l'escalier; au-dessus de nous, à quelques centimètres, le long du mur, une rangée de trous marquait en pointillé la limite de la mort.

Chaque jour, c'était autre chose. Je ne pouvais ne pas ressentir intensément tout cela, cette misère affreuse des espérances trahies et des deuils. Je me donnais plus que jamais à ma tâche, pour tromper le malheur. J'avais pourtant le front si lourd, lourd de tristesse...

« Vous pensez trop », me dit un soir le commandant.

Mais comment ne pas penser?

Et je sens bien que j'ai plus vieilli que mon âge.

Lentement, le soleil descend. Les jours sont tellement plus tristes quand il n'y a même pas cette lumière au-dehors, et ces reflets qui avancent le long du mur, presque vivants.

Qu'apportera demain? Toujours la même question.

Viendra-t-on te chercher à nouveau dès le réveil? Accrochera-t-on de nouveau à ta porte l'écriteau qui signale un détenu à l'interrogatoire : *Vernhemung?*

Tout est prêt dans ta tête. Tu te fais à toi-même, une fois de plus, la leçon. Tu trembles malgré toi.

Il y a des moments où tu ne peux regarder les photos qu'on t'a laissées. Tu faiblirais. Il a déjà fallu que tu te saisisses par l'épaule, par le bras, que tu te rudoies pour t'empêcher de pleurer. Tu avais des sanglots dans la gorge, tout proches, qu'il fallait refouler avec force.

Mes aimés, je suis triste et seul. Je pense à vous. Et cette nuit encore, le sommeil me fuira. Vraiment la lassitude me pénètre. C'est une usure inexorable.

... Je mange une tartine pour mon dîner. Après la distribution, je coupe mon pain en tranches, avec le manche de la cuiller aiguisé sur la pierre, près du robinet d'eau. Je mange à petites bouchées. Il convient de faire durer le plaisir — maigre plaisir, maigre repas. J'en suis arrivé, sans ceinture, à attacher mon pantalon croisé. Croisé comme les ailes d'un canard bon à tuer. Vite, chassons ces images...

Très souvent, je m'aperçois que je parle à haute voix. C'est ma façon de dialoguer dans ma solitude forcée. Je reste cependant maître de moi. Il n'y a rien à craindre. J'ai ma pleine raison. Mais il est bon d'entendre des sons humains. Certains, dit-on, dans leur prison, se récitent des poèmes. Je me raconterais plutôt des histoires. Mieux encore : je discute, je tiens de longs discours philosophiques, j'évoque l'avenir. Il me semble que je me prépare à l'action dans une retraite exceptionnelle. J'aurais besoin d'agir. A défaut, je parle.

Je cherche une base de morale : la morale du bonheur intérieur. S'accomplir soi-même, être meilleur pour autrui — telle est la double source de l'équilibre nécessaire.

On dénie la vertu à qui ne croit pas à l'immortalité de l'âme. Mais la vraie immortalité, n'est-ce pas celle qu'on acquiert par les siens, par le souvenir, par son œuvre, quelle qu'elle soit ?

J'ébauche aussi une étude sur les grands thèmes qui montrent l'incessante aspiration de l'homme vers le mieux. Ce sont parfois des mythes collectifs, parfois une création géniale. Ce symbole est le même depuis Prométhée jusqu'à Faust en pas-

sant par Quichotte. Les religions, les légendes se rejoignent plus qu'on ne croit. L'homme a toujours cherché à s'élever au-dessus de lui-même...

Et soudain, ton regard se pose sur les objets qui t'entourent : le lit, la table, scellés au mur, la lourde chaise, la planche où sont ta gamelle, ton quart, ton pain... Comme tu étais loin!

Tu te demandes ce qu'on peut raconter de ces jours, de ces nuits passés en cellule, si mornes, si monotones, quand on a l'immense chance d'en sortir. On porte tout en soi. On vit entièrement sur soi-même. On ne pourrait montrer cette étrange succession de pensées ni, surtout, l'énergie que réclame chaque instant, chacun de ces instants durant lesquels, incessamment, tout est remis en cause, où l'on retrouve, comme le noyé, mais au ralenti, le temps passé, le pourquoi des choses, l'essentiel et l'infime détail, tout le long fil de l'existence, en somme, qui semble maintenant rompu.

C'est plus encore qu'un examen de conscience. C'est le sens même de la vie qui est en question. Il ne suffit pas d'examiner son propre destin; on voit tous les destins assemblés. Il y en a tant déjà entre ces mêmes murs. Cela dépasse le problème du bien et du mal. La vie est une vocation. A quoi l'a-t-on vouée? Il faut que le but en vaille la peine.

Tous, ici, ont donné leurs forces, chacun à sa mesure, pour la victoire. Mais le mot ne réussit pas à exprimer tout ce qu'ils ont donné, tout ce qu'ils veulent.

On peut perdre une victoire, comme en 19. Il y a autre chose en plus. La victoire, on la remporte d'abord sur soi-même. Et on fait le serment de la mériter, ensuite, toujours, d'accomplir une mission, d'apporter aux hommes le meilleur de soi.

On se regarde bien en face. Rien ne vient troubler ce tête-à-tête. On sait qu'on est responsable pour une part. Et voilà que tout s'éclaire.

Deux règles de vie : lutter, espérer.

Je me bats aussi. Je me bats pour un monde nouveau, pour que naisse enfin ce siècle qui se refuse, qui s'obstine à ne pas être et qui doit surgir, dans la douleur de tant de chaos, de révolutions et de guerres, de tant d'efforts, de sacrifices et de dons généreux.

Qu'aurai-je, en définitive, gagné à cette épreuve ? Peut-être aurai-je compris davantage...

Le jour tombe. Comme chaque soir, l'écho de jeux d'enfants franchit le mur. Ce sont des rires, des cris, des appels.

Autrefois, nous avons joué à la guerre. Nous lisions des récits mettant en scène des « enfants héroïques ». En été, sur la plage, il y avait des épaves de bateaux coulés.

Je ferme les yeux. Je revois aussi des temps heureux; il n'aurait pas fallu que ces enfants en connussent d'autres.

J'écoute le langage des souvenirs.

Il n'y a pas eu ce soir de nouvelles échangées par le dehors, de cellule en cellule. Que se passe-t-il ? Où en est-on ? Dans combien de mois ? Ou l'an prochain ? Et d'ici là ?

D'ici là, combien de fois encore entendras-tu cette agitation dans la maison, ces portes ouvertes et fermées, en dehors des heures habituelles, ces allées et venues, ces pas sourds, ces voix qui, périodiquement, marquent la formation d'un convoi pour l'Allemagne ? Ton tour viendra-t-il ?

Tu écartes le doute et la tristesse. Tu préfères évoquer des paysages familiers, reposants. Tu n'y es plus seul... Tu t'évades alors pleinement. Mais la trêve ne dure pas. Voici que s'imposent à toi d'autres visions.

Septembre 39 : la frontière. Il a fallu faire sauter un clocher qui servait de point de repère sur la hauteur. Et le coq écartelé gît à terre. Une déchirure au côté le montre creux, vide, chimérique, sous la dorure. Que reste-t-il de la paix, des illusions, des joies sereines?

En juin, le pont de Gien, dans la pénombre, continue de laisser passer une foule ininterrompue de civils et de soldats mélangés. Le spectacle est affreusement pénible. Un prêtre, sur la route, baptise un nouveau-né. Il y en a de toutes les armes, de toutes les régions : les piétons se mêlent aux voitures. Il faut passer, aller plus loin, à tout prix. Rien ne compte plus pour personne, si ce n'est le désespoir, la peur. Et l'on assure qu'il en reste bien plus de l'autre côté, des mers humaines. Mais le pont sautera. Et nous attendons le dernier moment pour cela. Les Allemands seront là tout à l'heure. Il faut tenir. C'est tout simple. C'est la guerre...

Où êtes-vous, lieux paisibles?

Il fait sombre.

Cela promet une nuit agitée, sans trouver encore le sommeil. Tu voudrais t'arrêter de penser. Tu t'es allongé sous tes couvertures. Tu espères qu'il n'y aura pas, comme l'autre soir, des cris, des phrases lancées à pleine gorge. Quelqu'un était-il devenu fou? Et l'autre jour, en face, quand on a ouvert la cellule pour le café, un homme âgé s'était pendu avec sa serviette! Certaines portes ont un écriteau rouge : *Staendig zu Ueberwachen* (à observer continûment).

... Tu sais ce à quoi il faut que tu penses continûment. C'est aux interrogatoires prochains, à tout ce jeu qu'il faut jouer, et jouer serré. Tu vas essayer de t'endormir en y dirigeant ton esprit, afin que la leçon te pénètre encore mieux.

Comme lorsque tu avais à apprendre *Salve mari magno*...

Silence.
J'entends le roulement d'un train. C'est le métro.
Je ne dors pas. Je songe à un monument à la Jeunesse, à celle qui meurt, à celle qui fera l'avenir. J'imagine quatre panneaux côte à côte représentant le courage, la volonté, l'amour, la foi...

*

Comment aurais-je pu deviner, en 1945, qu'un jour j'épouserais ce Français qui aurait soutenu son « siège » de Paris, lui aussi ? Je ne savais pas qu'il m'attendait, que notre rencontre serait scellée par la lecture de mon propre journal de guerre...

L'embarcadère était relié au bac par une étroite passerelle qui ployait sous notre poids. On nous aida à y monter avec notre landau. Le bois de ce radeau, chauffé au soleil, sentait le soufre. Nous nous trouvions au milieu de ce Danube que je n'avais jamais vu bleu. Gris, limoneux, il charriait les débris de l'Histoire. La ferraille tordue des ponts que les Allemands avaient fait sauter quelques jours auparavant dressait de redoutables récifs. Courants et tourbillons se lovaient autour de ces piliers difformes. Des volcans liquides s'ouvraient, cônes sinistres où tournoyaient des cadavres. L'embarcation menaçait de chavirer. Elle était surchargée de civils affolés et les militaires avaient à peine la place pour manœuvrer.

Nous allions enfin accoster sur l'autre rive. Le quai semblait tout proche mais, à défaut de passerelle, il restait à enjamber un vide qui grandissait ou s'étrécissait au gré du balancement de l'embarcation. Deux soldats s'étaient emparés du landau en le soulevant par les roues. Un fort courant éloigna soudain le bac du quai, les cordes se tendirent à se rompre. Le landau se disloqua silencieusement. Les deux soldats restaient avec les roues entre les mains, pareils à deux jongleurs de cirque. Le souffle coupé, j'ai vu mes livres s'éparpiller sur la surface huileuse du fleuve. Leur mort fut rapide.

On me hissa à quai avec les autres passagers. « S'être donné tant de mal pour rien », dit mon père. Un accès de colère froide, comme je n'en avais jamais connu, s'empara de moi. Je n'en pouvais plus. J'aurais voulu briser tout ce qui était à ma portée. Mais il ne me restait plus rien : sauf encore ma vie, mon destin.

Au bout du village, posée comme un jouet au milieu d'un verger, notre maison attendait un bouche à bouche. Fermée depuis trop longtemps, elle manquait d'oxygène.

A l'heure où j'écris ces lignes, l'aube commence juste à se couvrir de touches claires et de nuages roses. Martigny, lieu que j'aime entre tous, qui m'a accueillie comme un arbre tend sa branche à l'oiseau pour y poser son nid, Martigny possède, entre autres charmes, le plus bel orchestre d'oiseaux que j'aie jamais entendu. Une multitude de sons graciles s'y entremêlent, on n'est pas à Carnegie Hall, aucun chef à son pupitre n'essaie d'ordonnancer ce flot de chants, de pépiements, ces airs de solistes qui se dégourdissent les plumes. La journée s'est ouverte comme une boîte à musique.

Cette allégresse matinale m'encourage à m'en retourner devant notre maison hongroise, et pourtant, combien je préférerais endosser un survêtement, prendre ma bicyclette et partir vers les vergers de Charrat, sur la route sinueuse qui longe le pied de la montagne, derrière ma maison d'aujourd'hui. Parfois, lorsque je me sens suffisamment forte pour supporter l'épreuve, j'entre au cimetière paisible, pour dire un doux bonjour à mon mari qui repose là, dans la compagnie fidèle d'un arbre ami. Puis, je reprends mon vélo et le vent sèche mes larmes. Ces jeux de mémoire me réservent mille tentations de détours. Des éléments apparemment anodins se remembrent et se raboutent comme dans un casse-tête chinois dont le secret me serait livré sans que je l'eusse cherché! Je joue à colin-maillard avec des ombres, je me laisse prendre aux guet-apens des associations d'idées. Je tourne et retourne mes jumelles — comme jadis à l'Opéra, passant des lointains aux gros plans — et ramène des images oscillant sans cesse entre l'impression d'inédit et de retrouvailles. Ainsi de celle qui descendait d'un train de marchandises dans son manteau d'hiver râpé, fillette désemparée dont une esquisse de sourire aurait endolori le visage, tant la tristesse y avait appliqué son masque — cette fille qui était moi.

Comme il serait vain, à présent, de mener bataille contre ce passé que j'avais cru classé comme quelque vieux dossier d'un douloureux divorce! Au point où j'en suis, je ne puis plus m'arrêter ni faire demi-tour. J'ai presque la certitude qu'en ressuscitant ainsi la Hongrie en moi, je suis en train d'accepter un avenir.

Dans un roman, je saurais mener le jeu. Mes personnages se plient en général à mes intentions. Mais la vérité est une curieuse bête : vous la tenez par son collier, vous avez l'impression d'en être maître, et peu à peu elle vous tire dans sa direction à elle et vous la suivez malgré vous, ébahi de tant d'humilité de votre part. Exactitude qui ne fait qu'une bouchée de votre orgueil...

Avant guerre, il nous fallait à peine deux heures pour parvenir jusqu'ici. Cette fois, ce fut un périple interminable à travers la Hongrie pour accéder à ce havre de paix, une petite maison que nous possédions à proximité du lac Balaton. Le train fantomatique arriva cahin-caha en gare et s'immobilisa, comme exténué, dans un grand bruit de ferraille. Nous étions sales, éprouvés, fatigués de nous-mêmes. Un coq, la crête penchée comme un béret rouge du côté gauche de son bec, apparemment effrayé par notre présence, traversa le quai à grandes enjambées musclées. Une écœurante odeur d'huile chaude émanait du métal des machines. Les rails flous devaient continuer ainsi, jusqu'en Autriche, plus lointaine que la lune.

La porte du bureau du chef de gare était entrouverte. Des mégots jonchaient le sol crasseux. Un vieil homme qui passait nous salua. Obéissant à un réflexe ancestral, il fit basculer son chapeau de l'index de la main gauche. Aucune voiture ne nous attendait pour nous transporter en haut de la colline. Le courage silencieux de mes parents m'impressionna : sans commentaire, ils firent de leur mieux pour avancer.

Me concentrant sur l'effort immédiat, je regardais le chemin devant mes pieds. Il fallait soutenir le rythme. Parfois, j'avais du mal à respirer tant ma gorge était serrée. Etions-nous des êtres de chair et d'os ou marchions-nous déjà sur la pente de cette éternité redoutable qui m'effrayait depuis l'enfance ?

Je pressentais que, plus que jamais, nous resterions des marginaux. L'incommunicabilité entre ma famille et moi serait aggravée par notre nouvel isolement. Avant l'éclatement de notre univers, nous vivions certes en cercle clos : notre milieu limitait les contacts et ses options politiques et religieuses ne nous faisaient rencontrer que des gens qui pensaient et priaient comme nous. J'aurais tant aimé connaître des spécimens de « l'autre bord », ceux d'« en face » ! Qui étaient-ils donc, ces inconnus porteurs de tant de menaces ? En ces moments de désespoir où j'entendais évoquer l'avenir comme on parle du jugement dernier, je trépignais de pouvoir à mon tour exercer mon « libre arbitre », être adulte et me faire mon opinion à moi. Traverser toutes les frontières — géographiques, sociologiques, idéologiques —, débarquer en France, écrire dans la langue universelle qui y avait cours, appartenir enfin à un groupe humain que j'aurais moi-même choisi...

Nous marchions dans un silence oppressant. Un régiment d'oies bavardes traversa la route devant nous, elles étaient pressées, sans doute le goudron chauffé par le soleil leur brûlait-il les pattes. Si seulement j'avais été comme le Nils de Selma Lagerlöf, pour m'envoler sur le dos d'une oie sauvage... Me sauver.

Nous arrivâmes au village et atteignîmes bientôt le quartier des villas. J'aperçus quelques visages familiers. Des bonjours furtifs ou réservés nous effleuraient, mais nul ne nous questionna. Maman avait l'air attristée par ce désintérêt. Elle aurait eu tant de choses à raconter ! J'aurais aimé moi aussi que quelqu'un m'embrassât en s'écriant : « Te voilà, quelle chance ! » Je sentais se manifester une distance, comme si on avait voulu nous éviter. Avaient-ils peur, ces villageois taciturnes, ou bien représentions-nous à leurs yeux le symbole d'une société condamnée par le monde nouveau ?

J'ai attendu très longtemps avant de pouvoir agir à ma volonté dans la vie quotidienne. Interminable attente qui m'a tenue ligotée : quand on marche à côté de cadavres et qu'il faut tant bien que mal soutenir ses parents âgés, on ne rêve pas de se faire hippie, ni d'une quelconque émancipation qui les laisserait sans défense, moralement blessés à mort. Il fallait donc me faire à l'idée que j'appartenais à une société finie, que je ne recevrais peut-être même pas l'autorisation de me rendre à l'université, parce que je n'étais pas issue des couches populaires : n'étais-je pas censée avoir tout reçu au berceau ?

Plus tard, à Paris, j'ai vécu dans une autre sorte de dépendance, celle de mon mari que je ne voulais pas gêner avec mes problèmes politiques, ma propre vision du monde. J'étais on ne peut plus libre dans ma création : j'y consignais mes révoltes, mes chagrins, mes critiques, à loisir je faisais exploser le monde et le rebâtissais, mais hors le cercle de mes lecteurs, nul dans notre entourage ne tenait compte de mes écrits, de celle qui s'y profilait. On me parquait d'office dans les opinions présumées de mon mari. Par amour pour lui, j'acceptais volontiers cette assimilation, et je recommencerais de la même manière s'il m'était donné de revivre avec lui, ne fût-ce qu'une seule heure.

Lui-même avait bientôt été pris au piège d'un changement de majorité au sein du journal, qui lui ôtait l'essentiel de son pouvoir. Je ne croyais pas qu'une injustice pareille pouvait se perpétrer dans un pays « civilisé » comme la France. Je compris ainsi sur le tas ce qu'était le rôle du « capital » dans la presse, comment l'argent suffisait à acheter une part d'influence sur l'opinion publique. A partir de janvier 1976, mon mari put néanmoins remettre le *Parisien libéré* sur la voie qu'il avait lui-même définie lors de la fondation du journal, le sauver *in extremis* du naufrage, maintenir la situation de ses salariés. Histoire significative d'une époque, qu'il me restera à écrire un jour.

Du moment où il était redevenu maître de sa publication, je me sentis le droit, de mon côté, de manifester enfin, sans qu'il en fût gêné, mes préférences et mes appartenances. Rien ne pouvait les renforcer davantage que le dégoût profond que j'avais éprouvé pour un système capable de piéger ainsi un homme.

Je pris rendez-vous avec une personnalité politique représentative de cet « autre bord » que j'avais toujours cherché à comprendre et qu'il m'était enfin donné de rencontrer.

Cet homme d'une extrême culture me reçut dans son bureau tapissé de livres. « Je vous connais très bien, Madame, par vos romans », me dit-il en guise de bonjour. « Chaque fois que je vous lis, je retrouve un esprit de liberté, une vision du monde qui vous rend proche de notre univers. »

« Ma visite a un but précis, lui répondis-je. Je désire rejoindre votre parti. »

Il me regarda avec étonnement et sympathie. Contemporain de mon mari, ils avaient été compagnons pendant la Résistance, puis leurs chemins s'étaient séparés après la Libération.

« Nous rejoindre ? Je vous comprends... »

Il m'observa, pensif. Je m'attendais à des questions savantes, à un examen de passage, j'essayais même, comme si je m'étais retrouvée au lycée, de me remémorer les noms des présidents de la République, ceux de leurs premiers ministres, la chronologie des événements qui, depuis 1936, avaient métamorphosé la France. Allais-je passer l'oral avec succès ?

J'attendais. Soudain, cette question incongrue : « Claude Bellanger est-il au courant ? »

J'avais huit livres derrière moi, des centaines de milliers d'exemplaires vendus de par le monde, et voici qu'on ne me considérait que par rapport à l'homme dont je portais le nom !

« Oui, murmurai-je, il est d'accord.

— Alors bravo, dit-il avec un bon sourire qui dissipa ma panique. Nous sommes tous très heureux de vous accueillir. »

En 1974, dans mon livre *Lettre ouverte aux rois nus,* j'écrivais ces lignes dont le futur président de la République s'est peut-être souvenu ce jour-là :

« ... Vous dites d'Allende qu'il était trop pur pour subsister, et vous ajoutez que, par contre, Mitterrand, lui, est trop marqué par la routine pour gouverner. Avec cette phrase, vous vous défendez contre la synthèse de vos pensées qui convergent autour du martyre du Chili et de l'avenir de la France. Vous persistez à nier que Mitterrand réunit les qualités d'Allende sans avoir ses « défauts ». Vous persistez à le nier parce que l'éventuelle perfection de quiconque vous fait frémir. Vous haïssez la perfection parce qu'elle seule pourrait avoir une prise sur vous. Vous cherchez la « petite bête » de crainte d'être avalé par la « grosse ». Vous êtes le détergent le plus puissant : en vous attaquant à une tache, vous mettez tout le tissu en loques...

« Fascinant Français ! Vous êtes imprévisible : un voluptueux derrière un visage de puritain, un généreux dont la manie secrète est l'économie, un républicain qui ne crache pas forcément sur les rois, un laïc qui respecte la religion des autres, un catholique qui accepte que l'Église en délire se paie sa tête. Vous êtes méfiant comme un hérisson ; on vous touche et ça y est, vous vous mettez en boule. Vous êtes le plus étonnant des sismographes : un tremblement de terre vous laisserait indifférent, tandis que, si on portait atteinte à la chasse, vous bondiriez de colère et vous prendriez le député perturbateur pour un faisan ! A abattre s'il empêche l'ouverture ! Mais... l'Ouverture, quand la faites-vous ? »

Quel plaisir que de préparer, en 1977, un déjeuner pour ces deux hommes qui se retrouvaient ainsi grâce à moi. Conservant le ton d'une parfaite courtoisie, ils ne masquèrent en rien leur désaccord politique. Ce jour-là, j'avais préparé du poulet au paprika et je dis avec une fausse légèreté : « Claude, je pense que nous avons là notre futur Président. » Mon mari prononça en souriant : « Ma femme est libre de penser et dire ce qu'elle veut. Mais malgré toute l'estime et l'amitié que je vous porte, je crains qu'elle n'ait tort. »

Même l'homme qu'on aime au-delà de tout, n'a pas toujours raison.

PETITE, confortable, conçue pour être « facile à entretenir », nous ne venions pourtant dans cette maison que rarement. Aux arbres, les pétards verts des bourgeons éclataient. Ce coin de Hongrie était appelé — si je tente de traduire littéralement l'expression — l'« Au-delà du Danube », l'une des régions les plus douces, les plus fleuries du pays.

Le portail de fer forgé était entrouvert, bloqué par les mauvaises herbes. Nous n'avions pas besoin de clef pour ouvrir la maison : la serrure avait été forcée. L'importance qu'avait pu prendre cette intrusion était plus psychologique que matérielle. Cette villa près du lac avait été équipée du strict nécessaire. Dans la cuisine, des piles d'assiettes et quelques tasses. Entre les couverts, dans les tiroirs, une colonie de fourmis grignotait des miettes oubliées. Une odeur surette se dégageait des pommes laissées sur le haut du buffet. Elle se confondait avec celle de la moisissure, ennemie de cette maison conçue par un ami architecte plus préoccupé d'esthétique que d'isolation. L'humidité s'infiltrait par les murs plus assoiffés que du papier buvard. Des taches vertes, comme des décalcomanies de plantes surréalistes, décoraient le papier peint.

Quelques bibliothèques abritaient les œuvres qu'on ne pouvait plus garder — faute de place — à Budapest. Henri Bordeaux et sa *Robe de laine* voisinait avec *La Faim* de Knut Hamsun. Les grandes misères nordiques, assaisonnées de champignons qui poussaient derrière les rayons, assuraient mes doses de spleen estival. *Le Canard sauvage* d'Ibsen heurtait à la fois mon esprit et mon odorat. Nous avions aussi deux énormes volumes du *Voyage d'Amundsen,* histoire d'un homme dans un univers de neige qui m'incitait à me pourvoir d'une bouillotte pour me chauffer les pieds tandis que les siens gelaient. Je m'abreuvais de thé pour me réconforter l'âme en parcourant cette littérature glacée. *Mademoiselle Julie* me frigorifiait, je n'acceptais guère l'abnégation placide des personnages qui se promenaient dans les pièces de Tchékhov. Je me fâchais contre ces Russes trop mollassons et rêvasseurs qui ne cessaient d'attendre leur Godot. Moi, je rêvais de Dubrovski, héros du fougueux récit de Pouchkine! J'aimais les gens qui luttent. Je croyais que la résignation était l'apanage des personnes âgées, des lâches, des religieux, des bourgeois et des fonctionnaires de Gogol. Je ne voulais que fugues et fougues, tempérament et révolte, je me nourrissais de poèmes russes qui m'aidaient à me dresser contre tout et tout le monde, ou bien me permettaient de fêter la vie, fût-ce par personne interposée.

« Il faut ouvrir les volets », dit maman d'un ton harassé. Papa ôta son manteau, le déposa sur une chaise en osier qui laissait après chaque repas des dessins en relief sur mes cuisses nues : ici on m'autorisait à prendre mes repas en maillot de bain. Maman se dégagea elle aussi des couches de vêtements qu'elle portait sur elle et nous nous attaquâmes aux fenêtres. Les volets prisonniers de la vigne vierge étaient retenus par de minuscules ramifications, des ventouses qui se cramponnaient au bois, des vrilles qui s'entortillaient autour des gonds, s'embobinaient aux verrous, cousant tous les interstices. Papa réussit à se pincer un doigt, incident douloureux mais muet. Il le contempla, ce doigt bleuissant, avec une feinte attention. Mon père pressentait le duel qu'il devrait livrer dorénavant aux objets hostiles. Nous nous dispersâmes lentement dans les pièces de la maison. Maman se dirigea vers sa chambre, moi vers la mienne, papa vers son bureau. Nous avancions comme des pionniers, ouvrant l'une après l'autre les portes.

Encastrée parmi les cerisiers, les abricotiers, les pêchers, les amandiers, la maison étouffait. L'environnement nous dispensait une belle dose de chlorophylle, mais nous coupait de tout souffle d'air. Maman adorait ce verger sur lequel elle régnait avec ferveur. Joyeuse et simple, on l'entendait rire à la cuisine quand elle tournait sa grande cuillère en bois dans ses préparations bouillonnantes. Elle confectionnait des gelées qu'elle offrait dans des bocaux aux étiquettes écrites à la main. Il y avait aussi le rituel du coing, sa pâte farineuse qui collait aux doigts comme du papier tue-mouches.

Dans le garage où les outils de jardinage achevaient pêle-mêle de rouiller, je repérai mon vieux vélo. Les deux pneus étaient déchiquetés, c'eût été vain de vouloir les regonfler. Je l'abandonnai et me mis à courir vers le lac, à perdre haleine. L'eau du Balaton est limpide, l'azur y joue avec le turquoise et l'on aperçoit le sable du fond teinté de marbrures cuivrées.

Papa aussi aimait le lac, mais je le voyais davantage planté sur la rive, à attendre que je termine mes ébats, que dans l'eau. Il ne cessait de s'inquiéter, tremblait pour ma sécurité, mes déplacements devenaient des itinéraires minutés, repérés, commentés. A quelle heure partais-je, à quelle heure rentrerais-je, pourquoi aurais-je du retard ? Maman, elle, se contentait de s'enquérir de la température de l'eau.

J'arrivais couverte de sueur, avec une irrésistible envie de dégringoler la pente qui descendait vers la berge, de me rouler en boule comme un hérisson et de me laisser ainsi entraîner jusqu'à l'eau. Je sentais le frôlement de l'herbe sur mes cuisses, les écorces des branches basses me râpaient la nuque, mes mains s'écorchaient, tant pis si je saignais. Nous n'étions ni adversaires ni amies, la nature et moi : nous étions assorties. L'odeur pénétrante et fertile qui se dégageait de chaque motte de terre me procurait un curieux bien-être physique. Enfin, couverte de griffes, je me retrouvais à la lisière des roseaux. Je tendais les bras et les étreignais. Qu'ils fussent beaucoup plus hauts que moi me donnait l'impression délicieuse d'être vulnérable, de chercher protection. L'eau faisait miroiter à sa surface d'innombrables formes palpitantes, des nappes de couleurs changeantes. Grouillements d'oiseaux, courses de poules d'eau, sauts de têtards, avancées prudentes de grenouilles : je pénétrais dans ce bruissement de vie qui me guérissait des visions de villes en ruines qui me hantaient.

Pour ne pas effaroucher mes compagnons de l'instant, il fallait me débarrasser des caractéristiques de l'être humain. Lors de notre dernier passage, j'avais laissé ici, attaché à un poteau, un petit kayak, à peine valable pour un seul rejeton d'Indien dans un western à budget de misère. Moitié jouet, moitié bateau, il avait disparu : mais que représentait-il, finalement, en comparaison de tout un pays perdu sous les décombres?

Sous mes vêtements, je portais mon maillot de bain et me déshabillai aussitôt. Enfin seule, sortie de ma timidité, je déployai mes bras en direction du soleil. J'entrai avec prudence dans l'eau froide, indifférente. D'ample caresse bleue, mon lac, lors de ses fameuses tempêtes qui se levaient instantanément, pouvait se déchaîner en symphonie, en vagues majeures. La surface immobile fut effleurée au loin par une mouette distraite qui disparut comme une feuille de papier emportée par la brise. J'avançai, le visage enfoui dans le liquide immobile. Je pouvais contempler sur le fond cristallin un nombre incalculable de coquilles qui s'agençaient, se défaisaient et se recomposaient en mosaïques étranges. Je nageais, émergeant pour respirer et replonger aussitôt.

J'étais à mille lieues de l'odeur des cadavres, des ruines, des regards hostiles, de la misère, de toute cette guerre. Soudain lasse, j'aspirai à m'arracher à la surface de ce miroir renversé où, sur le fond nacré, mon sillage s'inscrivait dans les évolutions parallèles de mon ombre. Je me découvris loin de la rive. Mes membres s'engourdissaient. Respirant lentement, j'entamai une brasse énergique, appréhendant déjà une crampe sournoise. La rive me semblait toujours à la même distance, j'avais l'impression de nager sur place. Peu à peu, cependant, je me rapprochai de la côte et j'eus enfin pied. Je me traînai sur le sable et m'effondrai au soleil.

A peine les yeux clos, je sentis une présence. Je levai la tête et aperçus un jeune homme surgi de nulle part, en maillot, accoudé sur le sable. Il me regardait. Il était plutôt beau. Ce n'était pas un homme de papier, fait de phrases et de paragraphes, c'était quelqu'un de vrai, de vraiment vivant. Le visage enfoui dans le creux de mes bras, je me mis à réfléchir, sans broncher, le dos chauffé par le soleil. J'en avais soudain assez de mes semblants de passion pour des personnages en toc. Il fallait savoir qui était cet inconnu, d'où il sortait, si je devais lui adresser la parole.

Impatiente, je relevai la tête. L'univers bleu ocre s'était vidé de son intérêt. Il ne restait plus que l'empreinte d'un corps sur le sable. Déçue, je grelottai en remontant vers la maison. Peut-être ne reverrais-je plus jamais ce jeune homme dont la présence paraissait à présent irréelle. Il avait l'âge d'aller au front, de végéter dans un camp de prisonniers, ou d'être mort. Quelle armée aurait oublié sur ses registres ce garçon plein de vie ? Quelle administration aurait perdu sa fiche d'identité ? Quel destin aurait fermé les yeux sur l'existence d'un homme beau et jeune condamné à être conduit aux abattoirs de l'Histoire ?

J'avais l'impression d'être passée à côté d'un événement important : quelque chose qui aurait pu devenir mon secret. J'avais besoin de complicités, de tumultes intérieurs...

Je rentrai à la maison, le visage serein, le regard indifférent, répondant par les traditionnels « Oui, l'eau est encore froide », « Non, je n'ai vu personne... » J'ajoutai juste : « On a volé mon kayak. »

Mes parents s'installaient comme ils pouvaient dans leur nouvelle vie, ici on était mieux qu'à la cave, mieux que dans le train, mieux que parmi les ruines. Ce soir-là, je n'en pouvais plus. Je refrénais de plus en plus mal l'impatience qui me gagnait sans le vouloir tandis que mes parents me dérobaient mes jours, mangeaient ma vie. Je les défendais et les accusais en même temps. Je ne sais exactement où j'aurais voulu être, en tout cas pas là. Je savais que nous attendrions ainsi l'automne, perdus dans nos palabres, dociles, moralement voûtés comme des personnages de Tchékhov : nous parlerions de l'année scolaire à venir, je prendrais le train chaque jour pour me rendre dans une coquette bourgade, à une vingtaine de kilomètres, où se trouvait le lycée le plus proche. Et de quoi allions-nous vivre ? Avec quel argent ? Ce nouveau tunnel à traverser me paraissait plus long que la guerre elle-même.

Énumérant tous ces griefs, je me disais que mes parents étaient décidément incapables d'organiser le bonheur. Au demeurant, je ne connaissais pas encore de « garçons de mon âge ».

Deux ans plus tôt — j'avais douze ans —, le frère d'une fille de ma classe m'avait raccompagnée jusqu'à l'immeuble où nous habitions. Nous n'avions pas grand-chose à nous dire, nous marchions côte à côte, assez fiers de la présence l'un de l'autre. Roux comme une carotte, gringalet, il n'avait rien de commun, hélas ! avec Red Butler. Je venais de lire *Autant en emporte le vent,* mon état karéninien s'estompait. J'avais plutôt tendance, maintenant, à piquer quelques défauts à Scarlett O'Hara. Il n'y avait que son amour pour Ashley que je n'admettais guère. Pourquoi courait-elle après ce falot, ce lymphatique, alors qu'elle avait sous la main un « homme fort » ? Red Butler entrait à merveille dans mes clichés, ce qui lui manquait de culture se trouvait aisément compensé par une carrure à toute épreuve.

Le jour où je rentrai avec ce garçon plutôt malingre, j'étais plutôt contente, pour le principe. Lui m'agaçait : ses cheveux flamboyants étaient coupés en brosse et il était criblé de taches de son en quantité invraisemblable. Dans mon imagination, je l'arrangeais un peu. Je le voyais plus grand qu'il ne l'était vraiment, je décidai que son visage rayonnait d'une douce intelligence et j'essayai de m'intéresser à ses histoires de football.

Bavard comme une pie, il se mit à me raconter ses prouesses de chasseur de papillons. « Tu captures des papillons ? » dis-je avec horreur. « Mais oui, j'en ai déjà une collection importante, ils sont piqués sous verre, dans ma chambre. » Il m'écœurait, j'avais envie de le rouer de coups, de le griffer, notre glorieux trajet tournait à l'aigre. Il me parlait intelligemment de ses *ruses de Sioux* qui l'aidaient dans sa chasse ignoble.

L'expression était à la mode en Hongrie où les Indiens étaient toujours rusés, les juifs astucieux, les Tchèques trop intelligents — ils faisaient ce qu'ils voulaient à l'étranger grâce à leur diplomatie —, les Français libres penseurs et volages, les Allemands fanatiques d'ordre et de précision — tandis que nous, Hongrois, apparaissions à mes yeux d'enfant comme un peuple de héros trompés, d'éternelles victimes d'une Histoire réduite à une succession d'injustices flagrantes. J'enviais les moins beaux, les moins héroïques, les moins spectaculaires, les géographiquement mieux placés, les plus débrouillards. J'attendais secrètement le moment de devenir Française et de profiter des avantages d'un pays qui, tout en perdant souvent ses guerres, se retrouvait toujours miraculeusement parmi les vainqueurs et discutait de la paix des autres et de la sienne propre en tapant sur la table.

Le chasseur de papillons me dégoûtait franchement. Je me voyais épinglée sur le mur de cet abruti. N'ayant jamais entendu à la maison ce qu'on appelle un « gros mot », je collectionnais avec volupté des chapelets d'injures glanées à la campagne. Selon les dires, certains jurons, d'origine turque, s'étaient infiltrés dans notre vocabulaire pendant l'occupation ottomane qui avait duré chez nous cent cinquante ans.

En récapitulant, dans le répertoire de mon vocabulaire secret, les injures que j'avais pu retenir, je m'apprêtais à lui en décocher une bonne rafale à la figure. Nous approchions de la maison. Résolue à venger les papillons, je préparais soigneusement mon coup. Lui, inconscient comme la plupart des hommes trop sûrs d'eux, décrivait ses excursions champêtres et la manière dont il avançait sur la pointe des pieds pour abattre son filet, d'un geste prompt, afin d'emprisonner ces poèmes volants, ces baisers multicolores de la nature.

Alors, sans avertissement préalable, je proférai à son adresse un juron grave, explicite, très technique, épiloguant sur les détails d'un entrechoquement corporel. Je savais que ce chapelet de mots était d'une extrême vulgarité, mais je parvins à les articuler jusqu'au bout. Les taches du rouquin devinrent phosphorescentes de panique. Je le vois encore, les yeux exorbités, bouche bée de stupeur.

Ravie de ce premier effet, j'y rajoutai un dessert de juron, une friandise, un pousse-juron, dans le style : « Tu mériterais d'entendre pire, assassin de papillons, tu n'es qu'un *piszok alak* », ce qui voulait dire, je pense, quelque chose d'avoisinant l'« infâme salaud ».

C'est ainsi que j'engageai ma première bataille contre les chasseurs. Qu'ils persécutent les papillons, les lièvres ou les éléphants, je n'ai jamais cessé de les pourfendre, sans plus utiliser d'autres jurons, mais à l'aide d'histoires où les chasseurs finissent toujours chassés à leur tour.

Mon père survint au même moment. A peine avais-je quitté le tueur de papillons que je me trouvai face à lui, blême et bouleversé de m'avoir vue pour la première fois en compagnie d'un garçon. Tandis que le pauvre lycéen, plus rouge que jamais, disparaissait de mon horizon, nous entrâmes dans l'immeuble.

En montant à l'appartement, nous fîmes mine de parler de tout et de rien. Un peu gênés, nous nous quittâmes dans l'entrée. « A tout à l'heure », me dit-il. J'espérais qu'aucun drame familial n'allait éclater pour si peu. Pour tenter de me retrouver en état de grâce, je jouai, sans qu'on me l'eût demandé, une pièce de Bartok, *Soirée chez les Transylvaniens.* Une heure plus tard, papa me convoquait dans son bureau.

Je m'assis en face de lui dans le fauteuil. Derrière sa table, réfugié dans une auréole de fumée, il commença à me décrire le choc qu'il avait éprouvé en m'apercevant avec ce pauvre « copain ».

« Si, à l'âge de douze ans, tu en es déjà à te faire raccompagner par n'importe qui, où allons-nous ? Je suis très inquiet. Les dangers que le monde réserve de nos jours à des innocentes comme toi sont incalculables. Tu n'as même pas l'ombre d'une idée de ce qui peut t'arriver. »

Je ne pus m'empêcher de lui répliquer : « Avez-vous vraiment peur, ou êtes-vous seulement jaloux ?

— Je t'interdis de me parler de la sorte », fit-il en abandonnant le ton du sermon.

Mon père était un homme juste, il savait que j'avais raison. Etonné de mon comportement, il se trouvait presque apaisé par la violence de ma réponse. Choc pour choc, nous nous complétions dans l'excès. Son autorité était exorbitante, ma révolte aussi.

« Je voudrais mener une vie plus normale, être comme tout le monde », dis-je avant d'ajouter : « Comment pouvez-vous vous emporter à cause d'un être aussi insignifiant ? Il ne présente strictement aucun intérêt. Il chasse les papillons.

— Papillons ou pas, répondit papa qui commençait à récupérer, l'approche de la guerre ne va pas manquer de détériorer gravement les mœurs... »

Je n'écoutais déjà plus, laissant libre cours à un perfide bâillement.

« Je te parle, fit mon père, et je lutterai jusqu'à mon dernier souffle pour que l'atmosphère délétère et les dévergondages de cette fin de monde ne te contaminent pas ».

Si l'on n'est pas dévergondé avant de mourir, quand le sera-t-on ? Cette phrase, je n'osai la prononcer. J'étais impressionnée par l'hostilité que témoignait mon père à l'égard de mes éventuelles futures conquêtes. Il m'aimait d'une passion si exclusive que le moindre manquement de ma part l'eût terrassé.

Bien plus tard, lorsqu'il me découvrit adulte et responsable de moi-même, je veillai à ne pas lui faire de mal et évitai devant lui ces excès de liberté qui l'eussent tourmenté. Ce jour-là, à Budapest, je ne pensais pas qu'un jour nous nous retrouverions les meilleurs amis du monde et que je passerais toute une longue nuit, assise dans un compartiment, à lui raconter le sujet d'un roman, *Le Cardinal prisonnier,* que je projetais d'écrire. M'écouter, me lire étaient alors devenus son plus grand plaisir. Mais quel chemin à parcourir avant d'en arriver là...

A Budapest, je n'étais que griffes et révoltes. Les portes de la prison familiale refermées sur moi, je me heurtais aux principes rigides d'une morale outrancière, aux accès frénétiques de la jalousie paternelle, un suramour qui se faisait haïr. Il fallait tout supporter avec vénération et feindre même d'en redemander...

Cet incident ne manqua pas d'influencer la suite de mon destin. J'avais tendance à couver une haine sourde envers les hommes d'un certain âge, que je rangeais d'office parmi les ennemis de la vraie vie. Je partageais le monde masculin en deux : d'une part, les hommes jeunes, qui devaient bien m'attendre quelque part, et de l'autre tous ces barbons qui s'évertuaient à empêcher mes retrouvailles avec les premiers.

Ce que je considérais comme « vieux » était associé à une culture pesante, à un univers de papier, à un savoir dévorant et desséchant qui se frayait un chemin jusqu'aux racines de l'être, y étouffait ou racornissait le cœur. J'imaginais les hommes jeunes en pleine nature, les autres dans la poussière des bibliothèques. Au-dessous de vingt-cinq ans, on marchait, courait, nageait, plaisantait, jouait, aimait, riait; au-dessus, surtout à partir de la quarantaine, moisi d'érudition, enfermé dans le huis clos des ratiocinations, on ne distinguait plus ni saisons, ni joies, ni aucune des chances que prodigue la vie.

En cet après-midi orageux de Budapest où j'avançais sur la pointe des pieds vers mes douze ans, bien des idées inquiétantes me traversaient la tête. Il faudrait bien vivre un jour. Mais où ? Comment ? Avec qui ?

Maman ne prenait pas au sérieux les prédictions de papa, elle était plus naturelle, plus gaie, moins soucieuse de se créer des soucis. Il suffisait à son bonheur que je ne touche pas à ses produits de beauté, aux parfums dont elle raffolait, ni à aucun objet de sa salle de bain. Je n'ai jamais pu essayer une robe du soir, un manteau de fourrure qui lui appartînt.

Mon innocence n'était que de l'ignorance sans valeur religieuse ou morale, elle ne résultait pas même de quelque pudeur innée. Je vivais comme dans une bulle. Grâce à la littérature, j'avais déjà vécu cent mille vies imaginaires, mais jamais je n'aurais osé me regarder nue dans un miroir.

Le soir de ma rencontre avec l'inconnu au bord du lac, dans notre petite maison étouffée de verdure, il me manquait « une meilleure amie », voire même simplement « une amie ». Pouvoir dire à quelqu'un : « Je crois que je suis amoureuse ! » C'était faux, mais si nécessaire à ma survie...

Trop gentille et serviable — à la place de mes parents, je me serais inquiétée —, j'attendais la fin du jour. On m'envoya chercher du lait, je trouvai un peu de chicorée — le vrai café avait disparu depuis une éternité —, je découvris aussi des ampoules électriques, les nôtres nous avaient été volées. Ma mère nous prépara un dîner d'une extrême simplicité : pommes de terre au paprika.

« Tu ne dis rien, constata-t-elle.
— Je n'ai rien à dire.
— Même pas bon appétit ?
— Bon appétit », répondis-je en écho.

Je me retirai rapidement dans ma chambre. Dans mon lit étroit, j'imaginai une multitude de versions différentes de mon éventuelle future rencontre avec l'inconnu. Ah ! s'il revenait... Ah ! s'il ne revenait pas... J'essayai de reconstituer son visage entr'aperçu. Heureusement, je tenais déjà un peu plus de l'adolescente que du garçon manqué. J'existais. J'aurais voulu que ce jeune homme tombe amoureux de moi, que nous traversions le lac et allions nous cacher en face, dans les superbes vignobles de Badacsony. Je le voyais, rendant visite à mon père, demandant ma main, me sauvant ainsi du lycée. Je prévoyais dans les moindres détails l'existence commune que nous construirions tous deux.

Il faisait beau, le lendemain matin, encore plus chaud que la veille. Sur mon vélo enfin réparé, je descendis vers la plage, en pantalon de toile et chemisette. Je n'avais rien d'une vamp, je ne ressemblais à aucune de ces héroïnes féeriques des films en technicolor. J'allais à ce rendez-vous qu'on ne m'avait pas donné comme sur les lieux d'une apparition.

Je trouvai la plage vide. Quelques mouettes indignées par ma présence intempestive s'envolèrent en direction des roseaux. Je me déshabillai et m'allongeai sur le sable, n'osant relever la tête. Si je ne bouge pas, il viendra peut-être...

Il fallait qu'il vienne. Un très léger bruissement me fit espérer, ma respiration s'accéléra. Transie, pétrifiée dans mon creux de sable, j'attendais. Puis, n'en pouvant plus, je me tournai brusquement vers la présence imaginaire et rouvris les yeux. Il était là, en maillot de bain. Il s'accouda sur le sable et me sourit.

Pas l'ombre d'un brin d'herbe à arracher et grignoter pour me donner contenance. Je repérai un coquillage et m'en servis pour dessiner une tête dans le sable. Je lui traçai de grands yeux, une large bouche, un grand nez, plantai sur le sommet de son crâne un chapeau. L'inconnu se leva et s'approcha. Je lui dis en hongrois : « Bonjour. » Il répondit par un hochement de tête. Etais-je devenue sourde de bonheur parce qu'il était si près de moi ?

« Vous êtes d'ici ? » lui demandai-je. Il me sourit. De ma vie, je n'avais vu lèvres si belles. Très légèrement ourlées, dessinées à la perfection, expressives, attirantes, elles suscitaient d'emblée l'envie d'un premier baiser. Son nez était droit et fin, ses yeux foncés. Pour lui cacher mon trouble, je lui parlai des roseaux, des oiseaux, de notre maison, du siège de Budapest. Toute une série d'expressions variées parcouraient son visage. Je n'entendais même pas son silence. Dans ses yeux, ombres et lumières reflétaient des ciels changeants. De temps à autre il se mettait à rire, d'un rire de jeune homme à qui l'on raconte une blague : sain, fort, sonore. A un moment, pourtant, je me tus, car ce rire ne correspondait pas du tout à ce que je disais. Je me rendis compte alors qu'il ne comprenait pas un mot de ce que je lui racontais.

S'il ne comprenait pas, c'est que c'était un étranger. Mais quel étranger ? Un Allemand ou bien — je n'osais même pas y croire — ou bien... ? Un Russe !

Je m'approchai de lui et, doucement, posai ma main sur ses lèvres pour l'empêcher de prononcer un mot. J'avais peur de ce que j'allais entendre, de cette guerre qui allait à nouveau s'interposer entre la vie et moi. Il dut comprendre, baissa légèrement les paupières. Grave, il se leva, s'éloigna, puis revint sur ses pas. Il tenait un képi qu'il déposa entre nous sur le sable. C'était bien un officier russe. Son képi marquait entre nous la frontière. La Hongrie, envahie par l'armée allemande, l'était aussi par les Russes qui luttaient à la fois contre les Allemands et les Hongrois. Dans cette confusion où chaque camp n'obéissait qu'à sa logique, la présence d'un Russe dans un village hongrois était considérée comme celle d'un ennemi, d'un occupant.

Je contemplai avec une douloureuse attention son insigne. J'avais la gorge nouée, je ne voulais pas que cet homme disparût ainsi de ma vie. Je m'emparai brusquement du képi et le lançai au milieu des roseaux. Il s'exclama. J'avais osé jeter une partie de sa tenue militaire.

Des larmes coulaient le long de mes joues, il se pencha vers moi et les essuya délicatement. Puis il s'élança et revint au bout de quelques minutes, égratigné, avec son képi mouillé mais sauvé. Il le déposa de nouveau entre nous. Je pris l'objet et le déplaçai. Sachant qu'il ne me comprendrait pas, je lui dis en hongrois : « Qu'importe. »

Alors ce fut à son tour de me parler et je l'écoutai comme on se laisse envahir par une symphonie. Le flot de ses paroles m'engourdissait de bonheur. Les personnages de mes romans russes prenaient corps, les confessions d'amour que j'avais lues m'étaient interprétées en version originale.

« Comment t'appelles-tu ? » lui demandai-je. Son nom s'était peut-être caché dans les entrelacs de sa volubilité slave, cet enchevêtrement de mots à la fois rugueux et somptueusement sonores. Il me chuchota quelque chose à l'oreille. Je lui tendis mes lèvres en réponse. Merveilleux dialogue de sourds que le nôtre ! J'ouvris les yeux, j'avais peur qu'il ne disparût à nouveau et me laissât là, pour toujours, lèvres offertes, l'âme en feu. Au moment où je rencontrai son regard, il me prit dans ses bras et, au lieu de m'embrasser, me serra contre lui.

Il était grand, mon nez arrivait à la naissance de son cou. Etrange ivresse à sentir le contact d'une autre peau, à entendre le battement d'un autre cœur. Nous nous rassîmes sur le sable, je posai ma tête sur son épaule et il me redit quelque chose à l'oreille. Peut-être s'enquérait-il de mon âge. Je me dégageai et ouvris mes deux mains sous ses yeux : ça faisait dix, puis je pliai un doigt pour n'en laisser que quatre, cela faisait quatorze. Il me regarda d'un air réprobateur, manifestement il trouvait ça peu. Alors, j'ai avancé la main gauche avec les cinq doigt déployés et j'y ai ajouté un doigt de l'autre main. Cela faisait seize. Il hocha la tête. Croyait-il à mon mensonge ? Je pointai alors mon index sur sa poitrine. Je voulais, moi aussi, connaître son âge. Il me montra vingt-deux doigts. Je haussai les épaules comme si je l'avais trouvé, moi aussi, plutôt jeunot. Il sourit et me tira légèrement l'oreille.

Dans ses prunelles noires se dessinaient de petits ronds dorés, concentriques, comme ceux que laissaient à la surface du lac des cailloux lancés depuis la berge. Je m'immergeai dans l'eau dorée de ce regard où tout devenait limpide, sans passé ni avenir : minutes présentes, présent de ces minutes acceptées, pressenties et invoquées, minutes enfin miennes, comme ce don que j'allais faire de moi-même.

Je ne l'ai jamais revu. Le vent de la guerre, un ordre de départ avaient dû l'éloigner. Aurais-je d'ailleurs cherché à le revoir ? J'avais un secret, je n'étais donc plus seule avec mes rêves. Je pouvais sublimer l'aventure, la laisser éclore en moi comme un rêve que j'aurais vécu.

Peu à peu, autour de nous, le village se transformait, devenait plus fraternel, nous acceptait enfin pour de bon. Il était temps, nous n'aurions pu tenir plus de quelques semaines contre cette atmosphère de malaise. Pour passer les jours de manière utile, papa m'administrait des cours de latin-grec, j'étais armée jusqu'aux dents pour affronter ma future année scolaire. Papa fignolait mon savoir, il avait retrouvé toute sa passion d'enseigner. Malheureusement, j'étais sa seule élève.

A la suite d'une interminable séance de déclinaisons, je profitai de sa bonne humeur pour lui parler de mes récits et lui montrai une histoire dont l'action se perchait en haute montagne :

Une femme désespérée se trouve enfermée avec quelques skieurs à l'intérieur d'une benne arrêtée à mi-parcours sur son câble à la suite d'une panne; le vent se lève, la cabine, devenue le jouet fragile des intempéries, subit les assauts d'une tempête de neige. Au sol, les sauveteurs se démènent pour la faire redémarrer. La boîte métallique se balance au-dessus du précipice. L'angoisse, révélateur de la nature de chacun, modifie le comportement des personnages condamnés à rester enfermés ensemble pour une durée indéterminée.

Papa m'écoutait, pensif. Après un court silence, il me dit :

« Tu as tout simplement recréé notre huis clos. Mais au lieu d'enfermer les personnages dans une cave, tu les as suspendus dans le vide. Le principe est le même. Vois-tu, poursuivit-il, si nous devions rester longtemps dans cette maison, enfermés tous trois dans cette intimité ibsénienne, sans doute verrais-tu maman exploser d'impatience, moi sombrer dans un pessimisme encore plus profond que celui qu'on me reproche, toi chercher une échappée à n'importe quel prix. L'être humain éprouve une irritation inévitable à l'égard de celui dont il devient, malgré lui, l'inséparable compagnon. Il te faut, si tu veux écrire, t'évader de l'enclos où tu vis. L'évasion, ne l'oublie pas, est l'un des plus beaux mots qui soit. « Evasion », voilà le mot clef. Sers-t'en pour oser t'évader à ton tour, créer ton monde à toi. »

Peu après cette conversation, les vingt-deux pages de mon drame en téléphérique se retrouvèrent en confetti dans la poubelle. J'avais reçu l'une des plus profitables leçons de mon père.

Dès le lendemain, je m'attaquai à l'écriture d'une autre nouvelle : une fille myope ne cesse d'idolâtrer un type assez médiocre. Peut-être n'at-elle que lui sous la main ? Elle a besoin d'aimer, mais pour aimer, il lui faut admirer. Elle se réfugie dans sa myopie. Elle ne voudrait certes pas être vue portant des lunettes, elle se trouve bien trop laide, mais, en même temps, le flou de sa vision lui sert à tempérer l'incertitude de ses sentiments. Elle imagine donc que son Don Juan est un personnage en tous points remarquable. Elle en a besoin pour ne pas suffoquer de solitude. Au cours d'une scène cruelle que j'avais écrite avec une certaine délectation, la fille — je crois qu'elle s'appelait Anna — se décide à affronter la réalité : d'abord à se montrer telle qu'elle est, avec ses verres épais qui mangent son regard, mais aussi à voir enfin clair et à le voir, lui, tel qu'il est. Aussitôt le personnage, vidé de son mystère, s'émiette. Il n'en reste qu'un peu de sciure dont on bourre les pantins.

Papa aima cette histoire et me demanda de la lui lire à haute voix. Ce jour-là, l'électricité étant coupée, je déchiffrai mon écriture à la lueur d'une lampe à pétrole. Tout en écoutant d'une oreille, maman s'affairait à coudre quelque harde sombre et informe. Papa, attentif, ne me quittait pas des yeux. Chaque fois que je relevais la tête, je voyais son regard bleu posé sur moi. Emue, j'interprétais les dialogues comme au théâtre. *Les Lunettes* obtinrent un grand succès familial. Maman, émue, déclara que j'avais du talent. « Je te l'avais dit, répétait mon père, je te l'avais bien dit. »

Ainsi, mon existence commença à vraiment compter du jour où je me mis à créer. Soudain mes opinions m'étaient demandées. Mes parents ne se pâmaient pas d'office — ah! non, c'était sans l'ombre d'une indulgence, ils étaient mes premiers critiques, les plus impitoyables. J'ai affronté ainsi mon premier public, le plus difficile, dès quatorze ans. Leur franchise était dure à supporter, l'ironie sèche de mon père me faisait frémir. Mais quel entraînement salutaire! Cette barre placée haut m'a musclé l'esprit; pour y atteindre, obtenir d'eux le moindre compliment, il me fallait grandir à tous égards, à chaque instant, sous peine de ne remporter aucun succès. Mes parents ne m'ont jamais jugée d'après mon âge, peu leur importait que ces écrits fussent d'un auteur de quatorze ans. Cela ne les intéressait guère : l'œuvre était là, sans circonstances atténuantes, elle devait être excellente ou ne pas être.

Le temps égrenait son chapelet. Nous nous rendions chez des amis, on venait nous rendre visite. Une grande prudence de paroles régnait partout et de cette atmosphère tchékhovienne émanait une forte dose d'ennui. On naviguait entre des bribes de nouvelles commençant toutes par « Il paraît que... », « On dit que... ». Nous ne savions rien de ce qu'il était advenu de notre maison près de la Tisza, encore moins des chiens qui y avaient été envoyés bien avant que Budapest ne fût encerclé. Les terres seraient sans doute distribuées aux paysans. Maman regrettait par-dessus tout un service de porcelaine de Herend d'une grande beauté.

« C'est tout ce qui t'inquiète ? » lui demandait papa.

« Vingt-quatre pièces de chaque sorte d'assiette, de chaque sorte de tasse », disait-elle.

« Quel festin voudrais-tu donc donner, et à qui ? » se bornait-il à répliquer.

Au cours de ces semaines grises et roses, nous reçûmes une visite inattendue. Une vague connaissance, un homme dont on n'a jamais su le vrai métier, revenait de la région de la Tisza. Il avait recueilli l'un de nos chiens qu'il avait rencontré dans une rue déserte du village : Tücsök était de retour ! Il atterrit comme un bolide dans nos bras.

Nous nous occupâmes aussitôt du chien. Il était maigre et, en retombant sur ses pattes arrière, il titubait tant il était faible. Mais comme ses yeux brillaient de joie ! Nous commençâmes par le nourrir et le brosser. Il fallut des heures pour démêler ses poils, en ôter les chardons, la boue séchée.

L'homme, un dénommé Bartos, si je me souviens bien, arrivait chargé de nouvelles. Pendant que le chien nous fêtait et que nous fêtions le chien, il nous attaqua avec une proposition des plus curieuses. Rendre le chien n'était pas la seule raison de sa visite. Il partait en Autriche et avait besoin d'argent. Il avait inventé une formule de mariages blancs et n'était d'ailleurs pas le seul à en organiser. Il mettait en contact des familles — qui avaient une fille — avec des militaires français. Lorsque les Alliés avaient libéré l'Autriche, ils avaient évacué les camps de prisonniers et un grand nombre de soldats français étaient envoyés en convalescence en Hongrie. La première *French connection* y fut aussitôt inventée.

« Votre fille pourrait épouser un militaire, elle bénéficierait aussitôt de la nationalité française. Vous, en tant que parents de la « mariée », partiriez dans de confortables camions de la Croix-Rouge pour l'accompagner en France. »

M. Bartos réclamait pour ses services une somme d'argent rondelette, la moitié payable avant le mariage, l'autre à la mairie au jour fatidique.

« Cica est beaucoup trop jeune », dit papa.

M. Bartos écarta l'argument : « Quelle importance ! » Il allait me procurer de faux papiers, un faux certificat de naissance qui me vieillirait de sept ans, juste ce qui me manquait pour être majeure. Nous n'aurions qu'à nous présenter à la mairie accompagnés de deux témoins.

« Que votre fille ait l'air très jeune, tant pis. Personne ne s'en étonnera. Tout le monde est affamé, donc amaigri, et nous avons des complices. Si vous y mettez les moyens, vous pourrez vous retrouver beau-père d'un Français d'ici peu. »

Papa s'inquiétait : « Et si votre Français changeait d'avis ?

— Aussitôt arrivé en France, rien n'est plus facile que le divorce. Evidemment, il ne faut pas que ça leur coûte d'argent : vous paierez les avocats. Au bout de quelques semaines, tout le monde est libre. Evidemment, si les barbelés vous tentent davantage... »

L'homme fut assez rapidement congédié.

« Je repasserai quand même demain matin, dit-il en partant, vous aurez peut-être changé d'avis... »

Il énonça le coût de l'opération. Mes parents gardèrent leur sang-froid. Le reste de la journée fut balisé d'hypothèses, d'échanges d'arguments. Les aspects juridiques de l'aventure me laissaient plutôt indifférente. Je n'y attachais guère d'importance. Ce qui m'intéressait, c'était d'arriver en France et de poursuivre mes études à Paris.

Le mariage blanc eut donc lieu, mais ne servit strictement à rien. Contracté avant l'Armistice, il n'entraînait pas d'office l'attribution de la nationalité du conjoint étranger.

« Si vous voulez, j'emmène la petite avec moi, avait dit mon « mari », elle vous attendra dans ma famille. »

Nous avions bonne mine ! Pied de nez de l'Histoire que ce mariage blanc pour moi, mais régulier aux yeux de la loi ! Je restai avec mes parents.

Trois ans plus tard, je devais trouver vraiment ridicule de quitter la Hongrie à pied tout en portant un nom français...

Le moment vint où mes parents décidèrent de changer de pays. Nul ne devait être au courant de notre départ, et nous ne pouvions donc confier Tücsök à personne au village. Nous devions prendre le train sans aucun bagage, en direction d'une ville frontière où un passeur nous attendrait. Tücsök, affolé de tristesse, nous regardait partir. C'était comme si nous avions abandonné un enfant à quai. Le chien courait après le train, mais le train était le plus rapide et il ne resta bientôt de Tücsök qu'un petit point gris, haletant, titubant entre les rails. Le chien pleurait, j'en étais sûre. Je le pleure encore. Il était insupportable de le laisser ainsi.

Ma passion pour les chiens date de cette époque-là. Notre vie a été jalonnée d'aventures canines. Tous les chiens qui traversèrent notre existence s'avérèrent fantaisistes et bizarres. Avec mon trop-plein d'affection, sans doute devais-je les perturber, réveiller leurs défauts. De tous ces chiens adoptés, j'ai le plus aimé celui que l'Histoire nous a fait abandonner.

Mon mari supportait avec un rare courage mes recherches de « chiens fidèles ». En 1960, je découvris une ferme près de Vienne où un réfugié hongrois s'occupait d'importer des *poulis*. Mon mari, enthousiaste — parce qu'il s'agissait d'un chien hongrois et qu'il voulait me faire plaisir — en fit venir un, au prix d'une haute lutte avec les administrations des deux pays. Le chiot, un petit diable noir, arriva dans une caisse en gare du Nord. La première main à effleurer la caisse fut happée comme par un bébé requin. Le chien s'était accroché au poignet de l'ami qui avait eu mission d'aller le querir. Avant même de débarquer à la maison, ils durent faire halte à l'hôpital.

Le chien, dépaysé, ensauvagé de tristesse, n'avait aucune envie de s'acclimater à la vie parisienne, ni d'accepter pour maîtres des gens comme nous qui vivions dans un univers de tapis et de papiers. La première nuit que Kicsi (« petit », en hongrois) passa, enfermé dans le cabinet de toilette de ma fille Anne, reste dans les mémoires comme une vraie épopée. Nous trouvâmes Anne, sanglotant de peur sur son lit : Kicsi était parvenu à sortir de la pièce annexe et assaillait la fillette réduite à appeler au secours. Le chien n'avait que trois mois et, déjà, manifestait des signes de l'indomptable tempérament hongrois.

Pour obtenir son affection, nous aurions dû lui consacrer du temps. Mais qui avait le temps ? La carrière de Kicsi fut de brève durée. Il déchirait les bas, mordait tout ce qu'il trouvait à portée de crocs, y compris mollets et mains. Mon rêve de retrouver un chien hongrois se soldait donc par un échec. Une amie qui disposait d'une maison de campagne près de Paris eut le courage de l'adopter. Kicsi est ainsi devenu le patriarche de tout un élevage de chiens farouches, féroces, adorables, fidèles, trop amoureux de la liberté pour vivre en appartement. Ou chez nous, plus simplement.

Notre seconde tentative commune fut l'adoption d'une chienne blonde aux oreilles longues et aux poils drus et clairs. Ce chien breton de toute beauté arriva chez nous en grande pompe. Il était destiné à ma fille que je voulais par là rendre « heureuse » sans l'avoir préalablement consultée. J'ai toujours eu en tête qu'un enfant a besoin de la compagnie d'un animal et, avant même que les miens ne m'en aient réclamé, je le leur offrais déjà. La chienne, Nefertiti, avait une bouille avenante, elle incarnait vraiment la fidélité, la tendresse, le dévouement. Les premières heures de la présence d'un chien parmi nous étaient toujours délicieuses. Les choses se gâtaient du moment où il fallait bien constater qu'il requérait plus de temps et de soins qu'un animal en peluche. Nefertiti était insomniaque et se promenait de long en large à des heures avancées de la nuit. Ma fille ne pouvait plus dormir et s'épuisait à se prémunir contre les crises d'affection de la chienne qui, malgré sa petite taille, sautait inlassablement sur son lit particulièrement haut. Nous dûmes renvoyer Nefertiti en Bretagne.

Peu après, informé de nos aventures canines, un grand vétérinaire parisien offrit à Pierre un chat angora, merveille bleu-gris, une vraie houpette à quatre pattes. Le prince des chats perdait ses poils. Mon fils, allergique, se mit à éternuer à longueur de jour et de nuit. Le chat sophistiqué et exigeant fut illico retourné à l'envoyeur, mais, pour contrecarrer les farces du destin, j'achetai aussitôt deux siamois à poils ras. L'un devenu le compagnon de Pierre, était un pataud assez affectueux; l'autre, Mao, marchait sur mes manuscrits et louchait de nervosité à me voir assise à ma table si longtemps. L'un fut emporté par une maladie rare, l'autre kidnappé. « Jamais je n'aurai plus d'animal à la maison, jurai-je alors. Je ne veux plus avoir mal. »

Au hasard d'une promenade à New York, j'aperçus dans la vitrine d'un petit chenil un teneriffe vendu comme miniature et qui devint, par la suite, de proportions plutôt costaudes. Pour une ultime fois, je voulais mon chien à moi.

« Inutile de le descendre dans la rue, vous lui mettez un plateau comme pour un chat. Ça lui suffit. »

« Quel confort ! » pensai-je en l'achetant aussitôt. Je le baptisai " Yankie ". A Orly, mon mari, à qui je n'avais rien osé dire au téléphone, m'embrassa en se heurtant à la grande boîte piquetée de trous d'aération.

« Qu'est-ce que c'est ?
— Un chien... avouai-je.
— Encore ! »

Le lendemain, Yankie fut soumis au conseil de révision d'un gros vétérinaire. Celui-ci l'examina comme s'il avait dû ausculter un vieux coq décati.

« C'est vous qui avez acheté ça ?
— Oui.
— Et vous n'avez rien remarqué ?
— Si, ses beaux yeux.
— Ses beaux yeux ? Ce n'est pas suffisant. Il n'a qu'un seul testicule, Madame, et vous ne l'avez pas vu...
— Non certes, mais quelle importance ? »

Il sursauta.

« Quelle importance ? Mais vous ne pourrez pas en faire un reproducteur !
— Je ne veux pas de " reproducteur " ! »

Le vétérinaire continua, de plus en plus énervé :

« Et sa couleur, elle vous plaît ?
— Oui.
— Elle ne tiendra pas longtemps. Les Américains croisent certaines races pour obtenir des teintes spéciales. Votre abricot va se décolorer, jaunir, vous aurez de mauvaises surprises.
— Tant pis, fis-je laconique, je l'aime comme il est...
— Regardez encore !
— Quoi ?
— Ses pattes arrière sont trop longues.
— Et alors ?
— C'est un défaut. Et il a un bout d'oreille en dentelle, tenez, quand vous écartez les poils...

— Je ne veux pas écarter les poils...
— Vous avez tort. Votre chien a été mordu. »

Je partis assez rapidement pour que l'oreille décollée du vétérinaire ne se retrouve pas en dentelle, elle aussi.

Quant à Yankie, c'était un chien aussi fidèle qu'infernal. Jaloux, exclusif, il avait plutôt le psychisme du dogue allemand et enrageait à l'idée de ne pas faire assez peur.

François grandissait, il était temps de le rendre « heureux » à son tour. Je le voyais faire des randonnées épiques avec un chien qui serait son ami, son garde du corps, son ombre. Je lui achetai un berger allemand dont le pedigree aurait fait pâlir de jalousie les plus snobs altesses. Descendant de champions, il nous avait été annoncé comme une future terreur : « Personne ne s'aventurera à toucher à son maître. » La bête promise arriva. Haut sur pattes, en équilibre assez précaire, visiblement troublé par l'attraction terrestre, il penchait la tête en permanence comme pour tendre l'oreille à nos doux murmures...

On l'avait débarqué fin juillet dans notre maison de Tourgeville et, aussitôt après la livraison, le chenil parisien avait fermé ses portes. L'animal nous fit faire la tournée des vétérinaires de Normandie. Le tout dernier, un homme sage et qui avait « tout vu », nous demanda avec délicatesse si nous connaissions bien les origines de notre trésor. Nous brandîmes le pedigree, il sourit et nous dit qu'il présumait que c'était la consanguinité qui rendait le chien si peureux et surtout imprévisible. Ce berger allemand, baptisé « Torrent », ne mordait que son entourage le plus proche. Dès l'arrivée de visiteurs, il allait se coucher et faisait semblant de dormir. Il levait de temps à autre une paupière, juste pour vérifier s'il y avait encore des hôtes inhabituels.

Mon fils ne pouvait le garder la nuit dans sa chambre, car ce chien avait un autre défaut : il ronflait. Nous l'installâmes donc dans une bonne niche conçue sur mesure. Exclu de la maison, il pleurait, hurlait des heures durant. Pour épargner les voisins, il fallait de guerre lasse le laisser rentrer. Neurasthénique, il ne condescendait à manger que si mon fils ou moi tenions la gamelle. Je ne sais s'il ne lisait pas secrètement des romans. Toujours est-il qu'il aurait été un bon sujet pour un adepte de la psychanalyse des chiens. Nous avons dû nous séparer de Torrent qui poursuit sa carrière auprès d'un veilleur de nuit. Qui veille sur qui ? Je me le demande encore...

François ne voulait plus de chien. Je le persuadai de ne pas rester sur le souvenir d'une déception et lui offris — malgré ses protestations — un dobermann. Nous prîmes soin de le choisir entre quatre autres afin d'opérer une sélection responsable.

Yankie, rendu de plus en plus furieux par ce défilé de collègues de haute taille prétendument féroces, mordait à qui mieux mieux tout ce qui lui tombait à portée de crocs.

Quant à Netptune, ayant atteint ses proportions adultes, il ne sautait sur les visiteurs que pour les lécher amplement et exprimer ainsi son bonheur de les recevoir chez nous. Durant la période où il se promena avec des oreilles emplâtrées, suite à une opération de chirurgie esthétique, on eût dit un extra-terrestre. Mais ce cavaleur de charme n'avait qu'un seul désir : prendre le large. Il creusait des trous sous les clôtures du jardin de Tourgeville et partait en vadrouille, parcourait les rues de Deauville en saluant tout un chacun comme s'il avait voulu porter partout la bonne nouvelle. L'aimable équipe de la police municipale nous le ramenait chaque fois.

Je crois que tout ce petit monde canin nous dédaignait. Au bout de vingt-quatre heures passées avec nous, ils avaient compris à qui ils avaient affaire : des « gens de papier », sans aucune autorité sur eux. Peut-être, parce que nous les aimions trop, n'avaient-ils plus envie de défendre quoi que ce soit. L'humanité, résumée par notre seule présence, tenait à leurs yeux de l'assiette de crème fraîche qui n'incite guère au bellicisme. Nous transformions nos chiens d'attaque en chiens d'attache. Nous leur limions toute agressivité. A nous fréquenter, ils redevenaient amoureux de la liberté et retrouvaient leur foi en l'humanité. Beau succès, au fond ?

Lorsque, après le décès de mon mari, j'ai dû vendre ma maison de Tourgeville, il a fallu donner les chiens, trouver des gens qui les aimeraient tels qu'ils étaient. C'était un déchirement que de « placer » nos compagnons. Le départ de Yankie me bouleversa. Je ne cesse de chercher l'ombre de mon chien hongrois que je verrai toujours courir après notre train. Un jour, peut-être le rencontrerai-je en Suisse. Il mangera mes tapis, bouleversera mon ordre... Il me comblera d'affection. Qui sait s'il ne m'attend pas déjà à un tournant de la vie ?

Mais qui tiendra sa laisse ?

Avec un passé millénaire et des souvenirs aux confins de la légende, saturée d'anecdotes concernant des ancêtres aussi bien français que hongrois, pétrie de la notion d'honneur, passée sous le rouleau compresseur de la rigueur morale, j'ai décidé qu'il était temps de bâtir un avenir plus avenant, une vie plus joyeuse, ouverte sur le monde.

Une vie, c'est une maison. Mon mari n'aimait ni la campagne ni les déplacements de week-end. J'ai décidé d'avoir ma maison. J'ai voulu l'acheter et y faire les travaux, seule. Mon métier d'écrivain devait ainsi me permettre de transformer les mots en pierres : celles d'une demeure où, pour la première fois de sa vie, mon mari se sentirait heureux même éloigné de ses dossiers. Cette maison marquerait la reconstitution de notre vie, elle ferait oublier à Claude sa tristesse profonde de l'époque où nous ne nous connaissions pas encore. J'y rêvais d'une atmosphère qui ne ressemblerait en rien à ce que j'avais connu enfant, je n'y voulais aucune note grave, j'en excluais l'invasion des bibliothèques qui persistaient à occuper chaque espace vide à Paris. Cherchant à satisfaire le goût personnel de chacun, je voulais contenter tout le monde.

Ma fille Anne avait opté pour le grenier dont les poutres étaient décorées d'une lanterne de fiacre et d'un rideau de velours à franges et pompons. Une poupée assise sur une chaise, tête penchée, témoignait pour ce doux monde où se mêlaient encore enfance et adolescence. Mais voici qu'Anne réclamait, sur ces murs peu aptes à en recevoir, une bibliothèque! Mon fils Pierre débarqua de Paris, pour passer sa première nuit dans la « nouvelle maison », avec une énorme valise pleine de livres. Quant à mon mari, il s'employait déjà à déballer des cartons entiers de documents... Je filai alors à l'étage avec mon manuscrit, tandis que François nous contemplait, perplexe, attendant son heure : il ne savait pas encore lire.

J'ai vite compris qu'il me faudrait réviser mes batteries. Les menuisiers du coin fabriquèrent des étagères à tour de bras et mon mari s'installa avec tous ses dossiers dans le bureau donnant sur la mer. L'ensemble se mettait à ressembler de plus en plus au décor que j'avais connu enfant. Les murs des deux grands salons du rez-de-chaussée furent occupés par des rayonnages, les coffres normands que j'achetais débordaient aussitôt de documents, et plus cette maison, dans sa splendeur intérieure, se mettait à ressembler au cadre hongrois dont je fuyais le souvenir, plus mon mari paraissait s'y plaire.

« C'est ton domaine, tu en fais ce que tu veux », disait-il, mais je connaissais trop bien les clefs de son bonheur pour ne pas chercher à mon tour à recréer le monde que j'avais cru vouloir oublier. Les quatre tables pliantes, achetées pour voir nos amis y jouer au bridge, se couvraient de liasses de papiers, figées sur leurs pieds fragiles, le sous-sol se remplissait de tonnes de livres que je recevais pour mes rubriques, nous les y entassions dans l'intention de les trier un jour.

Au bout de quinze ans dans cette maison où chaque minute distillait sa goutte de bonheur, la mort brutale de mon mari m'obligea à tout liquider en un mois. Il fallait m'en séparer, telle était la première condition de survie. Il ne m'en reste que le souvenir lumineux de Claude, de la joie des enfants galopant sur la plage, et quelques albums de photos en couleur que je ne puis pas encore rouvrir.

Mon mari voyait en la France un pays-pilote dont le rôle en Europe resterait celui de l'éternel combattant de la liberté. Sa famille était à l'image de cet idéal. Un frère aîné mort au combat, un autre cinq ans prisonnier dans un camp et le plus jeune, devenu Résistant dès l'adolescence, condamné à mort par les Allemands, n'avait pas été exécuté parce qu'il était encore mineur. Sa mère, extraordinaire femme de tête et de cœur, se consacrait, depuis la guerre de 14-18, aux causes humanitaires et nationales. Claude l'avait décorée lui-même de la Légion d'honneur.

La famille Bellanger, dont le patriotisme était le pain quotidien, et où les traditions républicaines se transmettaient d'une génération à l'autre, était de celles qu'on citait en exemple. Le grand-père, Géry Legrand, avait été maire de Lille. C'est dans son journal que Zola avait publié ses premiers textes. Plus loin dans le passé apparaissent des ancêtres imprimeurs. Lors d'une visite de Voltaire, ils avaient fait faire leur portrait par un grand peintre de l'époque, désirant entrer ainsi dans une sorte d'éternité, le visage éclairé par le regard du philosophe des Lumières. J'ai vécu et je vis à mon tour sous leur regard.

Mon mari et moi adoptions réciproquement nos ancêtres, confondions nos histoires. Par notre amour sans frontière d'âge ni de pays, deux mondes se mêlaient, l'un tumultueux, l'autre harmonieux, différents et surtout si semblables par cette commune passion portée à la culture et à la liberté.

Vint un moment où je n'ai plus désiré vivre calfeutrée, protégée — Claude aurait lissé de sa paume la surface du globe pour que rien ne vienne me faire trébucher —, j'ai posé alors un regard lucide sur le monde qui entourait mon mari. Ce grand professionnel, journaliste depuis l'âge de seize ans — avant guerre, il avait travaillé à L'Œuvre —, ne s'occupait que de son journal (dont il avait porté le tirage à un million d'exemplaires); ignorant tout de l'intrigue, comme il était facile de le déposséder...

Je ne suis pas arrivée suffisamment à temps dans sa vie, et les mauvaises impressions que je pouvais avoir au début, je n'osai pas même lui en parler.

De mon côté, je continuais à écrire dans la solitude du petit matin. J'avais besoin de ma journée « libre » pour pouvoir me consacrer aux enfants, ne pas devenir pour eux une mère abstraite. En fait, il fallait que je sois toujours disponible.

Selon l'accueil réservé à mes livres, je percevais l'attitude que Paris adoptait par rapport à Claude et à son journal. J'étais bien obligée de le constater : personne n'admettait en fait qu'une femme pût penser différemment de son mari; on ne me jugeait qu'en fonction d'idées qui n'étaient pas les miennes. Je retrouvais là une forme d'aliénation dont une partie constituait mon bonheur, et l'autre mes chaînes.

Comment aurais-je pu là encore avoir des

« copains », des amis journalistes de ma génération ? Ils débarquaient chez nous pour se trouver soudain en face d'un des « grands » de la presse française : mon mari avait beau être la simplicité même, de son nom et de sa personne émanait une telle puissance qu'il intimidait malgré lui.

L'épreuve de cette dépendance était bien plus grande que celle que j'avais connue en Hongrie. Là-bas, adolescente, je pouvais encore espérer ma liberté; à Paris, j'étais adulte et je ne pouvais pas prétendre que mon état était transitoire !

J'étais mendèsiste, lui gaulliste. Que de fois n'eut-il pas à entendre cette phrase : « Mais votre femme pense exactement le contraire, elle n'a pas les mêmes opinions que vous, comment se fait-il ? » Du temps où il considérait encore l'Algérie comme un département français, j'appelais cela du colonialisme. De telles divergences auraient pu finir par creuser un fossé entre nous, si je n'avais choisi le silence et la réserve : j'aimais trop mon mari pour discuter. Entre le combat idéologique et un homme, j'avais d'avance choisi celui-ci.

Mais je manifestais silencieusement : j'exposais sur mon bureau une grande photo de Mendès France, à laquelle j'en devais joindre plus tard une autre, d'un homme que je vénérais : Allende.

Il me reste de cette période quelques souvenirs pénibles. J'avais des amis : un écrivain marocain et un journaliste algérien qui vivaient à Paris. Nous avions le même âge. De temps en temps, nous prenions un verre ensemble pour discuter. Ils avaient confiance en moi, à leurs yeux j'étais une Hongroise. Pourtant, un jour, ils m'annoncèrent qu'ils ne pourraient plus me rencontrer. Etre vus en ma présence leur paraissait trop compromettant, à cause du journal de mon mari. Je fus douloureusement marquée par cet incident. Allais-je finir par exister un jour ?

J'étais impressionnée par l'idée que Claude était déjà un jeune homme alors que je n'étais même pas née. Ce décalage entre nos âges, rendu irréel par sa jeunesse physique et morale, me le faisait paraître invulnérable. D'une culture universelle, il connaissait à merveille les littératures anglaise et allemande. Toujours sous le pseudonyme de Mauges, il avait publié en 1944, aux Editions de Minuit, *Les Bannis,* recueil bilingue de textes écrits par des poètes que le IIIe Reich avait persécutés et dont les œuvres étaient brûlées parce qu'ils étaient juifs. A une époque où ce n'était pas du tout de mode, il avait jadis quitté sa famille pour parcourir l'Allemagne. Prévu pour deux mois, son séjour avait duré deux ans. Il avait gagné sa vie comme professeur de français tout en découvrant cette idée neuve : l'Europe.

Sa préoccupation principale était la communication entre les nations. En 1948, alors que je me trouvais encore en Hongrie, il avait conçu et fondé la Fédération Internationale des Editeurs de Journaux. Dans ce monde fragile de l'après-guerre où les relations entre pays étaient encore balbutiantes, les représentants de la presse de chaque pays membre cherchaient à mieux connaître l'identité nationale des autres, leurs expériences. Il avait également créé une distinction, « La plume d'or de la liberté », décernée à l'occasion d'un Congrès annuel à un journaliste persécuté, emprisonné ou maltraité à cause de ses écrits. Cette « plume d'or » symbolisait à ses yeux la lutte qu'il avait lui-même menée pour la liberté de la presse, son plus grand souci, la raison même de son existence : celle qu'on avait réussi à lui ôter pendant quelques années dans son propre pays.

Nous participions ensemble à ce qu'il est convenu d'appeler la vie parisienne. Mon mari m'emmenait à chaque réception à l'Elysée : en attendant que nous pussions nous marier légalement, il obtenait la complicité du service du protocole. Je fus très émue lorsque je me trouvai pour la première fois en face du général de Gaulle. Le Général était au fait des complications entourant le divorce de mon mari, il savait que notre union était plus forte que les papiers bleus, les avertissements, les huissiers et tout l'engrenage qui voulait nous broyer. Lorsque l'huissier clama : « Monsieur Bellanger et Madame », le Général me regarda, sourit, puis, s'adressant à mon mari, lui dit : « Comme je vous comprends, Bellanger. » Mot que je trouvai très français, comme une protection à toute épreuve exprimée à l'égard d'un couple qui s'aime.

En 1976, mon mari reprit la direction effective de son journal. Aussitôt, il put conclure la paix avec les syndicats, réinstaller le comité d'entreprise, sa publication redevenait, comme à sa création, un journal « républicain ». La tâche qui l'attendait était énorme : il devait régler, réformer, calmer, nettoyer, reconstituer... Le temps fuyait. J'essayais de me sauver dans l'écriture, dès le petit matin, c'était mon refuge. Je m'effaçais pour le servir. J'étais au courant des moindres détails de ce qui concernait son journal, mais je me taisais : prise par une immense lassitude, j'aspirais à vivre enfin dans un monde plus juste, plus équilibré.

J'évoquais la Suisse, délicatement, choisissant les bons moments. Nous ne parlions pas de choses précises, on imaginait un peu la maison de

Tourgeville, avec ses tonnes de papiers et ses milliers de livres, transplantée en Suisse. Tout cela semblait irréalisable, mais sublime.

Je m'accommodais, calquais ma vie sur la sienne pour l'aider au mieux, mais la Suisse, si amicale et apaisante, apparaissait sans cesse à mon esprit comme une terre promise. L'idée mûrissait, tantôt plus présente, tantôt très lointaine. Les enfants grandissaient. Nos garçons venaient à mon mari avec un mélange d'admiration et de passion. Pierre lui demandait des conseils, des éclaircissements, François l'interrogeait avec sa gravité habituelle. Leur père était une encyclopédie vivante. Souriant, toujours disponible, il leur transmettait son savoir. « Tu veux le livre d'Untel ? Attends. » Aussitôt il se dirigeait de son pas léger vers l'une des bibliothèques et retrouvait l'ouvrage que l'un ou l'autre demandait. Impossible d'aller plus loin dans l'accomplissement d'un amour paternel, filial et familial. Mais moi, trop atteinte par tout ce qu'on nous avait fait vivre dans ce pays que j'avais jadis considéré comme un modèle, je n'aspirais qu'à la Suisse, où retrouver la vraie simplicité des relations humaines, où échapper au système des castes, à l'arrogance de l'argent, au mépris social. A force d'y passer des périodes de plus en plus longues, je prenais goût à cette démocratie profonde, à la vie des cantons, à l'esprit de leurs lois. Je découvrais un pays où l'on pouvait discuter avec un appareil bureaucratique devant qui l'individu existe. Non pour le broyer, mais pour l'écouter.

Au mois d'octobre 1977, nous passâmes enfin huit jours de vraies vacances en Suisse consacrées à nous deux. Huit jours exempts de coups de téléphone, d'obligations, de problèmes, à marcher dans nos chères montagnes du Valais. Mon mari et moi nous remémorions notre rencontre

« miraculeuse » et évoquions notre vie future. Nous énumérions les obstacles vaincus, les luttes déjà gagnées. Il était loin, le temps des adjectifs de jadis, des « très bien » ou des « pas mal »... « Tu as changé tout mon vocabulaire, me disait-il. Tu as dû changer mon âme en me faisant connaître la fête... »

Huit jours durant, nous parcourûmes la montagne, sans jamais consulter notre montre, dans la solitude automnale des cimes. Les rayons du soleil chauffaient encore, mais dès que nous traversions des zones d'ombre, leur absence nous rappelait l'approche de l'hiver. Ici et là, dans les herbes légèrement jaunies, nous apercevions une des dernières fleurs de la saison. La chaleur de ce mois d'octobre était exceptionnelle. Choyés, joyeux, hâlés, heureux, nous mangions dans un restaurant encore ouvert à mille huit cents mètres d'altitude, à Planachaud. Peut-être fut-ce là les plus beaux jours de notre vie. Tout semblait être enfin en harmonie et mon mari commençait à prendre des dispositions pour se dégager de ses obligations professionnelles.

« Pour l'été 1978, on prendra cette fois les vacances dont tu rêves, on ira voir tes cocotiers, ta mer chaude, ton île déserte. Je te trouverai ton paradis. Ce sera un été où je ne recevrai pas de coups de téléphone du journal, où je n'écrirai aucune étude sur la presse, où tu ne porteras pas le poids d'un roman dans tes valises. Nous serons seulement nous-mêmes, au soleil... »

Mon mari nous a quittés le 13 mai 1978. Nous n'avons pas connu notre été au paradis.

Ce 13 mai 1978, la saison en enfer ne faisait que commencer. Je me suis soudain retrouvée seule avec la mort et l'administration. Comment aurais-je pu imaginer que, dans un pays dit civilisé, on peut laisser le corps d'un homme dont l'âme venait de nous quitter sur son lit de mort pendant quatre jours ? Simplement à cause de la Pentecôte...

Qui peut imaginer qu'on laisse une femme et ses trois enfants pleurer seuls dans une ville qui se vide parce que les gens font le « pont » ?

Comment ne pas en garder pour la vie une ineffaçable rancune !

On nous envoyait des fleurs, des télégrammes, mais le seul être à ne pas nous avoir abandonnés fut le meilleur ami de mon mari, son plus proche collaborateur, lui qui avait d'ailleurs vécu minute après minute, à ses côtés, l'absurde odyssée du *Parisien libéré*. Mon mari considérait que Jean Porêche connaissait le journal à fond et se proposait de lui confier des responsabilités parmi les plus importantes. Il n'en a plus eu le temps. Jean, fidèle dans la vie, nous restait fidèle par-delà la mort.

Et comment admettre ces règlements qui permettent aux gens de lois de faire irruption dans un appartement où, sur le lit de mort, on devine encore la trace d'un corps qu'on vient d'enlever ? Ils arrivent, ils scrutent, ils tâtent, soupèsent, dressent l'inventaire de votre vie qu'ils retournent comme une poche. Ils répertorient l'intimité des âmes et des tiroirs, osent toucher aux livres, palper chaque volume pour en connaître la valeur... Oui, comment imaginer de continuer à vivre dans un pays où un notaire peut décrocher un tableau et, découvrant une dédicace : « *Pour Christine, avec tout mon amour, Claude, 1966* », dire : « Ce tableau doit réintégrer la succession, M. Bellanger n'avait pas le droit de vous faire de cadeau, parce qu'il avait des enfants d'un premier mariage. Vous pouvez le racheter, si vous y tenez... »

Au moment où mon mari sut qu'il était condamné — il ne broncha même pas —, il fit préciser le temps exact qu'il lui restait à vivre, comme s'il avait voulu mettre un peu d'ordre dans son agenda. Le médecin le regardait avec admiration, presque effarouché par tant de courage.

Mon mari avait convoqué son notaire et nous avait confié à cet homme jeune et moderne, que nous connaissions depuis longtemps déjà. « Protégez-les, maître, lui dit-il. Protégez-les. »

Les gens de loi font peut-être leur métier, mais alors ce sont les lois qu'ils invoquent qui ne respectent pas la dignité de l'être humain.

Comment imaginer de se sentir à l'aise dans un pays où une femme seule, face à des guichets, se sent presque coupable d'être veuve tant sa vulnérabilité agace, ennuie, irrite et provoque même ?

L'exception que nous avons alors connue, en la personne de « notre » notaire, nous permit de survivre. Il contribua à adoucir, dans la mesure du possible, l'horreur quotidienne. Mais que peut un être seul face aux lourds rouages d'un juridisme inhumain ?

Plus tard, après le fameux « pont », les gens défilèrent pour nous regarder pleurer. Voir en quel état était celle qui restait la survivante du couple « inséparable ». Je ne reconnaissais plus rien de ce que nous avions connu. Ceux que je croyais proches avaient disparu, ceux que je croyais neutres ou indifférents venaient me tendre leurs mains.

François Mitterrand fut l'un des premiers à m'appeler. « Il faut que je vous voie, me dit-il. Il faut que vous sortiez de ce huis clos de chagrin. »

Il m'invita à déjeuner dans un petit bistrot de la rive gauche.

« Claude Bellanger aurait voulu vous voir

vivre », ajouta-t-il, et il me parla de ce que je pourrais faire pour son parti, proposant même de m'intégrer à une équipe. « Il faut vous occuper, vous laisser absorber par un gros travail, rester en communication avec les gens, refuser de vous renfermer sur vous-même, écrire, voir, rencontrer et parler. »

Je ne pouvais dire non, je ne pouvais pas encore dire oui, malgré la reconnaissance que j'éprouvais pour cette réconfortante amitié. Plus rien ne m'intéressait en dehors de mes enfants et des problèmes de survie quotidienne dont chaque jour amenait son lot.

Le journal *Elle* me commanda une série d'interviews de personnalités de mon choix. Le premier nom que je proposai fut celui de François Mitterrand. J'arrivai à Latche à la fin du mois d'août 1978, quatre mois après la mort de mon mari. Ce voyage fut ma première sortie dans le monde des vivants. J'y fus accueillie d'une manière simple, fraternelle, j'avais l'impression de me retrouver en Suisse... Danielle Mitterrand m'embrassa et me dit : « Venez, je vais vous montrer votre chambre. » Elle me conduisit dans une pièce claire et paisible. Une paix incomparable régnait en ce domaine au milieu de la forêt. Pourtant, quel va et vient perpétuel! Amis et fidèles compagnons venaient là comme en pèlerinage. Je regardais Danielle tout organiser. Le second soir, après dîner, tout le monde était encore dans la salle commune et nous lavions et rangions la vaisselle ensemble, quand Danielle me dit : « Revenez quand vous voulez. Peut-être pourrons-nous vous aider à moins souffrir... » J'ai dormi là sans rêve, c'était ma première nuit de repos depuis des mois.

De retour à Paris, chaque coin de rue, chaque pavé, chaque angle de béton, chaque arbre, chaque regard de connaissance me faisaient mal. Dans la solitude glacée où je me trouvais, j'héritai aussi en quelque sorte, par bonheur, de l'amitié que Raymond Barre et mon mari se portaient mutuellement. Grâce à Raymond et à Eva Barre, j'étais moins déracinée dans ce Paris amnésique. Ils m'invitaient souvent chez eux, ou venaient chez moi. Comme j'étais loin maintenant de toute considération politique! Ma vie était partie en lambeaux. Je ne recherchais plus que de l'amitié, de l'humanité. Avoir l'impression qu'on m'aime un peu, pour moi.

J'allais de plus en plus souvent en Suisse. Je me gardais bien de l'idéaliser : j'avais passé l'époque de mes dix ans où la France était ma reine, et moi son enfant adoptif. Non, plus d'amour fou. J'y venais avec gratitude et lucidité. C'est, je crois, le seul pays où je n'ai pas peur des guichets.

La nostalgie est à la mode. Le mot est beau, le message néfaste. Je le refuse, je n'ai pas de nostalgie. « Tu es la joie de vivre en personne », me disait Claude. Je veux le rester pour lui plaire. Un autre itinéraire a commencé pour moi du jour où j'ai dit à un ami : « Depuis que j'existe, je lutte avec l'impossible », et où il m'a répondu : « C'est l'impossible qui lutte avec toi. »

J'ai vaincu l'angoisse du printemps. Je ne garde dans l'album de ma mémoire que les meilleurs souvenirs. J'ai appris à accepter les êtres tels qu'ils sont. Tout se transforme peu à peu en avenir, le soleil a eu raison du « cortège des ombres ». Je regarde à nouveau le monde, je superpose l'image qu'il présente à celle qu'il devrait avoir, et le seul chien fidèle à m'accompagner désormais s'appelle Humour.

Au-delà des musiques à entendre, de l'imagination dont naissent les romans, au-delà des plaines, des forêts, des océans à survoler, des chemins à parcourir, au-delà des orages, des mers chaudes, des nuits blanches ou à rêver, au-delà de la vision des cimes effleurées par le soleil et des perce-neige qui poussent leur tête ravie au bord des torrents, je sais qu'au-delà de ce jour et de ses lendemains, quelqu'un m'attend pour m'apprendre un autre bonheur.

DU MÊME AUTEUR

Autobiographie :

J'AI QUINZE ANS ET JE NE VEUX PAS MOURIR (Grand Prix Vérité)
suivi de : IL N'EST PAS SI FACILE DE VIVRE, *Fayard.*

Romans :

LE CARDINAL PRISONNIER, *Julliard.*
LA SAISON DES AMÉRICAINS, *Julliard.*
LE JARDIN NOIR, Prix des Quatre Jurys, *Julliard.*
JOUER À L'ÉTÉ, *Julliard.*
AVIVA, *Flammarion.*
CHICHE ! *Flammarion.*
UN TYPE MERVEILLEUX, *Flammarion.*
J'AIME LA VIE, *Grasset.*
LE BONHEUR D'UNE MANIÈRE OU D'UNE AUTRE, *Grasset.*
TOUTES LES CHANCES PLUS UNE, Prix Interallié, *Grasset.*

Recueil de nouvelles :

LE CAVALIER MONGOL, Grand Prix de la Nouvelle
de l'Académie française, *Flammarion.*

Lettre ouverte :

LETTRE OUVERTE AUX ROIS NUS, *Albin Michel.*

IMPRIMÉ EN FRANCE PAR BRODARD ET TAUPIN
7, bd Romain-Rolland - Montrouge - Usine de La Flèche.
LIBRAIRIE GÉNÉRALE FRANÇAISE.

ISBN : 2 - 253 - 02967 - X   30/5651/2